だいわ文庫

男は女で修行する。

ビジネス運を上げる60の法則

中谷彰宏

大和書房

01

プロローグ

男は女で修行する。

「男は女で修行する」ということには、3つの意味があります。

①男が女から学ぶ。

②男は女のムリ難題を試練として引き受け、それを乗り越えていく課題にする。

③男は女の厳しい目で見られることで、自己反省できる。

人に見られるだけで十分成長できます。

モテるということは、それだけ人に見られます。

見られるということは、厳しい目にさらされるので、より自己反省を迫られます。

モテなくなると見てもらえなくなるので、自己反省もしなくなります。

そういう男は女から学びません。
女がムリ難題を言ったら、「わがまま」と言って終わりにします。
それにチャレンジしようという気持ちは起こりません。
それでは、女も仕事も手に入らないだけではなく、その男自身が成長しません。

女に学ぶビジネスの法則

01 女で苦労し、そこから学ぼう。

女に学ぶビジネスの60の法則

01 □女で苦労し、そこから学ぼう。
02 □「何かやりたい」より、今やってることをまず一生懸命しよう。
03 □まず、目の前の一人をハッピーにすることに全力を注ごう。
04 □満塁ホームランより、内野安打を狙おう。
05 □ごちそうする時ほど、腰を低く。
06 □アドバイスをする時ほど、余裕を持って。
07 □意思表示をして、かつ粘り強く。
08 □人間関係の面倒くささも、引き受けよう。
09 □社長より、秘書を紹介してもらおう。
10 □一生懸命に「ありがたい」「うれしい」を付け加えよう。
11 □小さなことにも、お礼を忘れないようにしよう。

12 □そばにいる人に、感謝しよう。

13 □「部下に面倒見てもらってる」ことを、忘れないようにしよう。

14 □仕事以外ではなく、仕事自体を面白くしよう。

15 □小さな成功を自慢するより、大きな失敗を誇りにしよう。

16 □「今の小さな自分」を、受け入れよう。

17 □結果より、プロセスを楽しもう。

18 □勝ち負けより、ドラマを楽しもう。

19 □楽しいと感じることを、１００個書き出そう。

20 □ハプニングを、期待しよう。

21 □ダンドリの悪さを怒るより、解決策を提案しよう。

22 □家庭で、笑おう。

23 □足元の問題から、まず解決しよう。

24 □言葉より、声に気をつけよう。

25 □余裕のある声で、凄みを出そう。

26 □魅力あるフォームを身に付けよう。

27 □気持ちのいい姿勢を身に付けよう。

28 □恋も仕事も、頭ではなく、体でしよう。

29 □幸せを、探すのではなく、感じよう。

30 □怒りは、小さなうちに吐き出そう。

31 □ガマンをやめて、努力をしよう。

32 □勉強を、レジャーにしよう。

33 □仕事をした後にしたいことを、仕事にしよう。

34 □魅力的な毒を持つために、健康になろう。

35 □体もアイデアも、一つねじってみよう。

36 □自分の精神年齢を、恋人の年齢で計ろう。

37 □最低の時は、地獄の景色を覚えておこう。

38 □昔話ではなく、思い出を作ろう。

39 □自分を慰める技より、自分を励ます技を持とう。

40 □嫌なことを忘れる技を持とう。

41 □くじけそうな時は、くじけそうな自分を笑いのネタにしよう。

42 □迷ったら、まずおいしいものを食べてから決めよう。

43 □権威にだまされないようにしよう。

44 □厳しい現実に夢をつないで、実感に変えよう。

45 □楽しみながら、稼ごう。

46 □負けることで、精神的に豊かになろう。

47 □預金より、財布の中のお金を、自分のお金と考えよう。

48 □「少年の心」と「大人の財布」を持とう。

49 □そばにいる女を幸せにすることで、自分も幸せになろう。

50 □買い物につきあうことで、仕事を学ぼう。

51 □仕事に関係のない本を読もう。
52 □遊びにも、投資して勉強しよう。
53 □翌朝仕事が早い時こそ、デートしよう。
54 □騒がれることを、恐れない。
55 □繊細に、心地よく、リラックスして。
56 □根が伸びる時間を、待とう。
57 □手柄は、頑張ったスタッフにあげよう。
58 □小さな成功を、ほめてあげよう。
59 □恋人を育て、恋人に育てられよう。
60 □お客様へのプレゼントのつもりで、サービスしよう。

男は女で修行する。★目次

第2章

女は、大きい小さいにこだわらない。

——感謝する気持ちが次の仕事につながる

第3章 女は、最後まで何度も、楽しむ。
――結果に固執すると、変化に対応できない

第4章 女は、気持ちのよさを最優先する。

――頭より、体で動く仕事はスピードがある

第5章 女は、ガマンしない。
——「目標」があるから、努力して前に進む

第6章 女は、ココ一番では目をつぶらない。

――現実を直視する力が、ピンチを救う

第7章

女は、稼ぐだけの男を信用しない。

――お金は使えば使うほど、豊かになる

第8章 女は、男の価値を試す。

——どんな難題にも、一つひとつ答えていこう

恋も仕事も
頭でなく
体でしよう

中谷彰宏

あきひろ

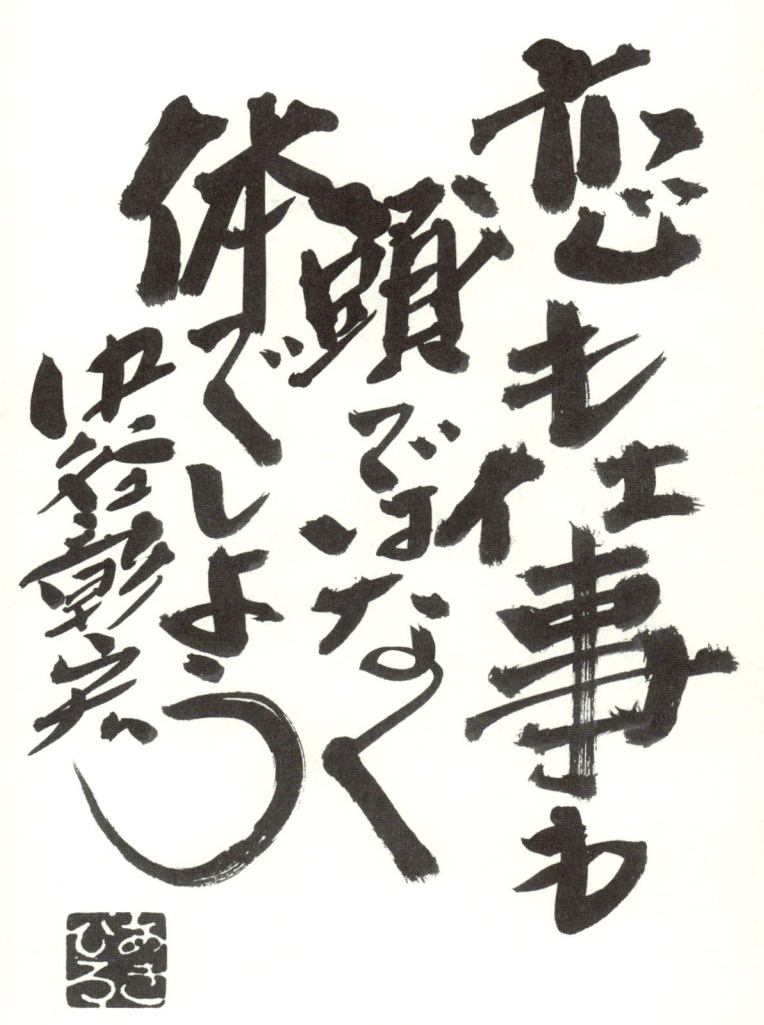

【この本は3人の人のために書きました】

①女のわがままに苦労している男。
②モテるようになりたい男。
③いい男とつきあいたい、いい女。

第1章

女は、デキる男を見極める。

——厳しい目線がビジネス力を育てる

02

「何かやりたい」という男は、モテない。「今、一生懸命やる」男がモテる。

「何かやりたい」と言う男が、たくさんいます。

そういう男は、仕事でチャンスをつかめません。

それは半分グチです。

半分ホンネかもしれませんが、もしホンネだとしたら、この発想は危ないのです。

「何かやりたい」と言っている男は、今やっていることを一生懸命やっていないのです。

チャンスは、今やっていることを一生懸命やっている人に訪れるのです。

チャンスを与えることのできる誰かは、一生懸命やっていない人にチャンスを与えようとは思いません。

「何かやりたい」と言っているほとんどの人は、今、手を抜いているのです。

これは、恋愛でも同じです。

「ほかに新しい女との出会いはないかな」と言っている男は、今つきあっている彼女に対して徹底的に愛情を注いでいないのです。

今つきあっている彼女に徹底的に愛情を注ぐと、それは必ず誰かが見ているから、次の出会いになります。

世の中の大原則として、モテる男は徹底的にモテます。

モテない男は、徹底的にモテません。

男は、モテると余裕が生まれます。

最初から大勢とつきあいたい、取っかえ引っかえつきあいたいと思っている男は、一人の女ともつきあえません。

今つきあっているたった一人の彼女に、徹底的に愛情というエネルギーを注ぐのです。

そうすると、まわりの女は、「彼はこんなに恋人に愛情を注ぐ人なんだ」と思って、あなたに対して「いいな」という感情を持ち始めます。

「いいな」という感情を持ってもらわないうちに「つきあおう」と言ってもダメです。

あっちにもこっちにもモテようと思わないから、余裕があります。

多角経営の失敗は、ここにあります。

本業に徹しているからこそ、ほかの企業から提携してくださいと言ってくるのです。

本業がうまくいっていない会社が「提携しましょう」と言っても、うまくいきっこありません。

女に学ぶ
ビジネスの
法則

02
「何かやりたい」より、今やってることをまず一生懸命しよう。

03

一人の恋人を大切にできる男が、大勢の女にモテる。

「どうしたら、たくさんの女にモテることができますか」という質問をする男がいます。

簡単です。

メインの彼女一人に愛情をたくさん注ぐことです。

そういう男が、結果として、いちばんモテるのです。

メインの彼女に愛情を注がないで、ほかにもっといい女はいないかと探している男は、モテません。

新しく出会った女から「彼女はいるの?」と聞かれた時に、いるのに「いない」と言っているようではモテません。

「いるような、いないような……」という返事をしたら、その女はあなたをいい男だとは思いません。

「彼女がいる」と言ったら、今、目の前にいる女との新しい出会いがなくなるのではないかとビクビクするのは間違いです。

彼女がいるからダメ、いないからダメなのではありません。

女は、ちゃんと愛情を注ぐことができる人かどうかを見ているのです。

ほとんどの男は、勘違いをしています。

「彼女はちゃんといるよ」と、堂々と言える人がモテます。

「彼女がいるの？」と言われた時に、「んッ？」と、そこで一瞬、間があいたらダメです。

女は、その目の泳ぎをちゃんと見ています。

女は、彼女がいない男がいたら、「なんで？」と聞かなければいけません。

恋人のいない時は、余裕がない時です。

「いないから恋人が欲しい」「相手に好きだと言われたからつきあいたい」というのはおかしいのです。

好きだからつきあいたいという気持ちは、恋人がいるとか、いないとは、別の話です。

女に学ぶビジネスの法則

03

まず、目の前の一人をハッピーにすることに全力を注ごう。

04

モテる男は、満塁ホームランを狙わない。

女とデートをして、会ったその日に「ホテルへ行こう」と言うのは、満塁ホームランしか狙っていないのです。

ここで、コツコツと送りバントができることが大切です。

デッドボールでもいいから塁に出たり、犠牲フライを打ったり、コツコツ点を入れていくことが大切です。

小さなことを積み重ねていくことのできない人は、女にはモテません。

絶対に仕事もできません。

満塁ホームランを狙うから、仕事ができないのです。

仕事ができないと、なおさら余裕がなくなって、満塁ホームランを狙ってしまうのです。

コツコツとヒットを積み重ねていくことのできる人は、どんどん点が入るので、満塁ホームランも狙う必要がありません。

野球で言えば、1回で大量点を取るチームは、強くありません。

本当に強いチームは、1点ずつを小刻みに入れていきます。

この発想が大切です。

コツコツと小さなことを積み重ねる、これが一人の女に愛情を注ぐことのベースです。それが結果として、大勢に愛されることになるのです。

最初から大勢に愛されようとすると、一人の女にも愛されません。

女に学ぶビジネスの法則

04

満塁ホームランより、内野安打を狙おう。

05

ごちそうをしていばる男は、たかる男よりみっともない。

男は、ごちそうする行為自体がカッコいいことだと勘違いしています。

でも、女は、この人はごちそうしているのにちっともいばらないことを評価するのです。

恩着せがましくないというところで評価をします。

ごちそうしたから評価するだろうと思いこんだら、甘いのです。

そういう男は、ごちそうをしたら、後々何回もその話をしたり、恩着せがましく言ったり、いばったりします。

ごちそうしていばっている人は、たかっている人よりもカッコ悪いのです。

たかっている人は、いばりません。

いばること自体がカッコ悪いのです。

いばることはカッコ悪いということに、気づくことです。
たとえば、ヤクザで子分を大勢連れて歩いているのは、真ん中クラスから下の人です。
自分を偉く見せるために大勢連れて歩こうとします。
でも、大勢連れているからあの人は親分だという見方は勘違いです。
誰もそんなふうには見ていません。
大勢連れて歩く人ほど、かなり下のほうにいるのです。
親分は、連れていてもせいぜい一人か二人です。
そんなことをしなくても、みんなが親分だと認めているからです。
これは、サラリーマンの世界でも同じです。
会議で大勢集めたがる人は、大勢連れて歩くヤクザの下っぱと同じです。
偉い人の会議は、大勢ではしません。
会議で自分がカッコいいと思われたいので、サラリーマンは、大勢集めたがるのです。

でも、誰もそれをカッコいいとは思いません。

ごちそうをして、ごちそうしたことを忘れている男が、モテるのです。

お誕生日プレゼントをしたことは忘れているけど、去年のプレゼントと同じものにならない男がモテるのです。

女に学ぶ
ビジネスの
法則

05
ごちそうする時ほど、腰を低く。

06

余裕がないから、説教になる。女は、アドバイスの余裕を見ている。

説教に反論すると、「最後まで聞け」と逆ギレする人がいます。

その人は、余裕がないのです。

アドバイスというのは、コミュニケーションです。

コミュニケーションは、相手のことも聞くわけですから、余裕がないとできません。

「ああ、なるほど。そうか、その気持ちもわからないでもないな」と聞きながらコミュニケーションできるのが、本当のアドバイスです。

女は、相談をすごく大切にします。

だから、信頼できる男にしか相談をしません。

女にとって、相談とセックスはかわりません。

男にとっては、セックスはセックス、相談は相談ですが、女にはその区別がないのです。

相談事をするというのは、心を開いて身をゆだねることです。

「こういうことで困っているんですけど……」と相談を持ちかけられて、ちゃんとそれを聞いてあげることができたら、それはセックスをするのと同じです。

ですから、女は誰でもかまわず相談はしません。

男は、誰にでも相談できます。

実は相談というものにあまり重きを置いていないのです。

半分相談のフリをした自慢です。

でも、女にとっての相談は重いのです。

女は相談をする前に、この人は相談できる人かどうかを見ます。

説教をするような人には、絶対に相談なんかしません。

逆に、説教でも自慢でもなく、「これ、どう思う？」と相談のできる男には、女は相談しても大丈夫かなと思います。

説教する男は、自分が誰かに相談できないのです。
相談するのは負けだと思ってしまうのです。
勝ち負けの議論を持ち込む人は、女から心を開いてもらえません。

女に学ぶビジネスの法則

06 アドバイスをする時ほど、余裕を持って。

07 意思表示をしないまわりくどさは、粘り強さとは違う。

女に嫌われるオヤジの特徴は、まわりくどいことです。

たまたま電話番号を知られて、オヤジから電話がかかってきたとします。

その時オヤジは、「たまたま今近くに来ているんだけど」と言います。

これは怖いです。

「好きだ」とも「つきあおう」とも、まだなんにも言っていないのに、「たまたま近くにいるんだけど……」とか、「たまたま寄ったんだけど……」と言うのです。

そんな「たまたま」はまずありえません。

その気持ち悪さというのは、意思表示をしないまわりくどさです。

モテるタイプの男は、意思表示をして、粘り強いのです。

気持ち悪がられるのは、意思表示をしないのに、まわりくどいからです。

意思表示をしないまわりくどさは敬遠されます。

粘り強さというのは、ただ時間をかければいいというものではありません。

まわりくどいのは、粘り強いのと一見似ているようですが、全然違います。

それなら、「わざわざ来た」と言うほうがまだいいです。

意思表示をすると、必ず自分のところにリスクが来るので、そのリスクを背負えないのです。

常に逃げ道をつくった形で迫っていきます。

それは、逆に言えば、リスクを相手に背負わせることになります。

「たまたま近くに来たから、今からお茶でもしない?」とも言いません。

「たまたま近くに来たから……」と言うだけです。

「お茶でも飲まない?」と誘って、「明日早いから」と断られるのが怖いのです。

だから、なかなか言えません。

でも、断られる経験をしないといけません。
女は断られることに強いです。
男のほうが断られることに対して弱いのです。
男は冗談まじりに誘います。
この冗談まじりというところに、もうすでに気の弱さが出ています。
お茶に誘って女に断られると、そこからオヤジはパッタリ電話をかけようとしません。
そこで急に機嫌が悪くなったりします。
精神の安定性がそこにはあまりありません。
それがまた逆に女から気持ち悪がられるのです。

女に学ぶビジネスの法則

07 意思表示をして、かつ粘り強く。

08

セックスフレンド以外の「○○フレンド」のいない男は、セックスフレンドもできない。

男は皆、セックスフレンドが欲しいと思います。

でも、「○○フレンド」のいない人は、セックスフレンドもできません。

その人は、フレンドが欲しいのではありません。

ただ、セックスがしたいだけです。

それは風俗へ行くのとかわりません。

その人の目的は、友達ではなくて、セックスだけなのです。

セックスフレンド以外にも、ダンスフレンドやボウリングフレンド、合唱フレンドもいたりする人は、ちゃんと自分の趣味と友達を持つことができる人です。

「セックスフレンド」という言葉を聞いて「エーッ」と興奮してしまう人は、「フレンド」ではなく、「セックス」という言葉に興奮しているのです。

たとえば、ある共通の思いを持った人とプロジェクトチームを組めますか。そこで守らなければいけないルールや面倒くささも、同時に引き受けることになります。

ただセックスをしたいだけなら、そんな面倒な手間のかからない風俗へ行けばいいのです。

ほかに◯◯フレンドを持たない人が、セックスフレンドだけ欲しいと言うのは、風俗に行くお金をケチろうとしているだけです。

本当にセックスフレンドが欲しいと思っている人は、風俗で働いている女性と友達になれます。

風俗で働いている女性と友達になれない人が、セックスフレンドだけ欲しいと言っても、それはあり得ません。

セックスフレンドを持てる人は、仕事のできる人です。

プロジェクトチームが組める人です。
人間関係の面倒を引き受けて、守らなければならないルールを守れる人が、セックスフレンドもできるのです。

女に学ぶビジネスの法則

08
人間関係の面倒くささも、引き受けよう。

09

デキない男は、秘書に社長を紹介してもらう。デキる男は、社長に秘書を紹介してもらう。

仕事のできない人は、秘書に「今度、社長に会わせてくださいよ」と頼みます。

秘書は、そんなことばかりさんざん言われています。

つまり、秘書はただの手段、道具になっているのです。

そういう人は、秘書を一人の人間として見ていないのです。

社長は忙しいので、たいがい秘書と名刺交換をして終わりです。

でも、社長には秘書からたくさんの情報が流れているのです。

社長に会えるかどうか、時間をとってもらえるかどうかは、全部秘書がさばいています。

秘書と仲よくなれる人が、仕事ができる人です。

社長と仲よくなりたいと思ったら、まず秘書と仲よくなることです。

社長は秘書に「○○さんて、どんな人？」と聞きます。

秘書は、「感じのいい人ですよ」と社長に報告します。

そうすると、社長は「じゃあ、会ってみようかな」と思います。

社長に気に入られるために、秘書を道具にするのではありません。

社長と会うのはこの一回きりということで、秘書の人を紹介しておいてもらうのです。

社長にお土産を持っていっても、社長はさんざんお土産をもらっているので、どうということはないのです。

それよりは、秘書にお土産を持っていってあげたほうが、その後ずっと長くつきあえるのです。

この発想が大切です。

男は、常に偉い人、偉い人へと意識が行きがちです。

偉い人を支えている人をちゃんと見なければいけません。

社長にはペコペコしても、秘書には冷たいという人は、仕事のできない人です。

たとえば、お得意先に契約をもらいに行くとします。

そういう時は、社長にどう評価されるかよりも、秘書の人にどう評価されるかのほうが大切です。

秘書の目線のほうが、より厳しいのです。

女に学ぶビジネスの法則

09 社長より、秘書を紹介してもらおう。

第2章 女は、大きい小さいにこだわらない。

——感謝する気持ちが次の仕事につながる

10
ただの一生懸命では、モテない。「ありがたい」「うれしい」のある一生懸命が、モテる。

モテない男は、「一生懸命やること」がすばらしいと思っています。

もちろん一生懸命さも必要です。

でも、女はそうは解釈しません。

たとえば、あなたがある仕事を任され、その仕事をただ一生懸命やっているとします。

そこであなたは、「一生懸命やっているからオレは評価されるべきだ」と考えてはいけません。

「この仕事を任されてありがたい、うれしい、だから一生懸命やろう」と考えなければダメです。

女には、この「ありがたい」「うれしい」があります。

男には、この気持ちがありません。

男は、どちらかというと、「悲惨だな」というネガティブな感情が先に出ます。

「自分はこんなつらいことを一生懸命やっている」と思うことでしか、仕事の実感を得られないのです。

役者の仕事で、すごく小さな役をもらったとします。

その時に、「なんでこんなに小さな役？　つらいよね」と思いながらも、「でもまあ一生懸命やるか」というのが男性です。

女は、小さな役をもらっても、「これはチャンスだ。本当は出られなかったかもしれないのに、こんな小さな役でももらえた。これはありがたい。うれしい」という気持ちで臨みます。

女には「大きいか、小さいか」という価値基準はありません。

でも、男には、常に「大きいか、小さいか」という感覚があります。

大きいと自慢するし、小さいと卑下《ひげ》します。

女には、そういう価値軸がありません。

女は、「ありがたい」「うれしい」「かわいい」という価値軸です。

一生懸命やることがいい、悪いということで判断するのではありません。

一生懸命さに、プラスありがたい、うれしいという気持ちが伴わなければ、「いいな」とは思わないのです。

モテるかモテないかは、一つの仕事を悲惨な顔をしてやるか、ニコニコしながらやるかの差になるのです。

女に学ぶ
ビジネスの
法則
10
一生懸命に「ありがたい」「うれしい」を付け加えよう。

11

女にとって、お礼は仕事の一部である。コーヒー一杯でも、報告する。

男にとって、「お礼」は社交辞令の一つです。

女にとっては、お礼は大事なコミュニケーションです。

お礼に「大きい、小さい」は関係ありません。

女は、小さなことをしてもらっても、感謝しますし、ちゃんとお礼を言います。

男は、大きなことをしてもらったら必ず「ありがとうございます」と言いますが、小さなことのお礼は忘れてしまいがちです。

コミュニケーションの中でお礼をすることは、それほど大切に考えていないのです。

でも、コミュニケーションは、ほとんどお礼です。

会社の中で、コミュニケーションとして「ホウ（報告）・レン（連絡）・ソウ（相談）」が大切と言いますが、「ホウ・レン・ソウ」よりお礼のほうが大切です。

男は、自分がしてあげたことはいつまでも根に持って覚えています。

でも、してもらったことには気づきもしなければ、覚えてもいないのです。

まだ一回はお礼を言っているなら、ましなほうです。

お礼し忘れていることに気づいてもいないのではダメです。

小さいお礼をどれだけ忘れないか、それに気づけるかどうかが大切です。

女に学ぶビジネスの法則

11 小さなことにも、お礼を忘れないようにしよう。

12
遠くの人に感謝する男は、モテない。そばの人に感謝する男が、モテる。

男は「遠くの人」に感謝します。
遠くの人というのは、自分よりも関係的に「偉い人」です。
関係的に遠く離れている人というのは、遠く離れた偉い人です。
遠く離れて偉くない人ではありません。
つまり、男は偉い人にばかり感謝するのです。
でも、女はそばにいる人に感謝します。
社長ではなく、秘書に感謝するのです。
男は偉い人と知り合いたいと思っているので、「この間、○○と会ってね」
という自慢話は、だいたい偉い人の話です。
女からすると、「だからどうした」という感じです。

「わぁ、すごーい」と言っているのは、その人をすごいと言っているのではないのです。

偉い人のことをすごいと言っているのです。勘違いしてはいけません。

その偉い人を紹介してくれるのかと思えば、そんな力も何もないのです。

女としては、偉い人を紹介してくれたら、あなたは早くいなくなってよという感じです。

偉い人ばかりに目がいってしまって、身近にいる人への感謝を忘れているのです。

感謝しなければいけない人は、あなたの近くにいる人です。

女に学ぶビジネスの法則

12 そばにいる人に、感謝しよう。

13

「面倒見てやってる」という男は、モテない。「面倒見てもらってる」という男は、モテる。

ビートたけしさんがたけし軍団をつくったのは、自分も師匠に面倒を見てもらったから、面倒を見てやりたくなったのが動機だそうです。

でも、「面倒を見てもらっているんだよね」とたけしさんは言います。

面倒を見てやっているのに、面倒を見てもらっていると感じるのがたけしさんの偉いところです。

この考え方が大切です。

上司が部下の面倒を見てやっていると思ってはいけません。

上司は部下に面倒を見てもらっているのです。

男は彼女の面倒を見たり、つきあってやっているのではありません。つきあってもらっているという気持ちで愛情のお返しをしなくてはいけません。

面倒を見てもらっていると思うと、お返しをしなければという気持ちになります。ところが、「面倒見てやってる」と思うと、「ちょっとぐらいお返ししろよ」と思ってしまいます。

自分が○○してやっていると思うことは、実は相手にしてもらっているのです。

会社の中でもそうしていると仕事がしやすいです。

どうしても一生懸命やろうという気持ちになります。

しかし、「○○してやってる」と思うと、「ちょっとでもサボろうかな」という気持ちになります。

女性社員に面倒見てもらっていると思うほうが、自分の仕事をしやすい環境をつくる手だてになると考える男もいます。

「○○のために××をする」という手練手管《てれんてくだ》を弄《ろう》するのは、すぐ見えてしまいます。

何かのための作戦としてやろうと思っている人と、そんなことを思わずにやっている人とでは、スピード感も細やかさもケタはずれに違います。

そもそも女には「見返り」という発想はありません。

男は「見返り」という発想で生きています。

プレゼントをもらっても、「見返り」という言葉が見えたら女は半分引いてしまいます。それは、見返りの手段をもらったにすぎないということで、うれしくはありません。

見返りは、ダンドリです。ダンドリはイヤがられます。

エッチも結果です。

今日エッチしてもいいと思っていても、「ごはんを食べさせて、プレゼントをあげたんだからさせてよ」と言われるのは、女はイヤなのです。

女に学ぶビジネスの法則

13

「部下に面倒見てもらってる」ことを、忘れないようにしよう。

14

男は、仕事以外で楽しみを見出そうとする。女は、仕事自体を楽しくしようとする。

男は、「仕事はつらいもの。遊びは楽しいもの」と、仕事と遊びを分けてしまいます。

そして、人生の楽しみを仕事以外で見つけようとします。

ゴルフ、野球、サッカーの選手のように、遊びが仕事になる人はいい、それは天才だけで、自分はとにかくガマンして仕事をやって、日曜日だけゴルフをやろうかなと思います。

仕事なんて楽しくないものだという発想です。

男は、人生を楽しむために、仕事以外の楽しみを見つけようとします。

でも、女は仕事と遊びを区別しません。

仕事を楽しくすることで人生を楽しもうとします。

世間では、女は仕事よりも恋愛をとると思われています。

でも、本当は、女は仕事を恋愛的にとらえているのです。

男は、仕事を面白くないものと思って諦《あきら》めているから、面白くなさそうな顔で平気でやれるのです。

女は、仕事自体が楽しくなかったら、会社を辞めます。

そして、いかに面白く仕事をするかを考えます。

つまらない仕事を、面白く変えることを、プロの仕事というのです。

女に学ぶビジネスの法則

14 仕事以外ではなく、仕事自体を面白くしよう。

15

男は、成功の大きさで男を判断する。女は、失敗の大きさで男を判断する。

男は、成功の大きさで自分を大きく見せようとして自慢話をします。

でも、女が魅力を感じるのは、その人のギャップです。

落差感です。

女は、ただ成功しているだけの人には、何の魅力も感じません。

それよりは、こんなに成功している人がこんな失敗をしているところに魅力を感じるのです。

こんなにしっかりしている人がこんなにだらしないというところに落差を見つけて、魅力を感じるのです。

ところが、男は、こんなにしっかりしているというところばかりを見せようとします。

「オレはこんなにしっかりしている、だから魅力を感じるだろう」と思っているのですが、実は女は、そんなことに魅力は感じないのです。

では、ずっとだらしないと母性本能をくすぐるかというと、そんなことでもないのです。

ただだらしないだけでは、「だらしない男」と思われるだけです。

女に学ぶビジネスの法則

15 小さな成功を自慢するより、大きな失敗を誇りにしよう。

男は、成功の大きさで男を判断する。女は、失敗の大きさで男を判断する。

第3章
女は、最後まで何度も、楽しむ。
——結果に固執すると、変化に対応できない

16

自分を受け入れられない男は、モテない。自分を受け入れられるから、変われる。

人間の魅力は、変わっていきます。

この間会った時とはまた違う魅力があるという人は、奥が深いのです。

変わらなくなったらオヤジです。

まわりから見た自分の評価を「たしかにそういうこともあるかな」と受け入れられる人、リストラの候補になっている自分を受け入れられる人は、変わることができる人です。

「オレはこんなに仕事をしているのに、給料がこんなに少ないのはおかしい」と言う人は、今の自分を受け入れていないのです。

会社ではたくさん給料をもらっている人も、それは会社が大きいからで、世間の評価はその三分の一です。

変化は、まず客観的な評価を受け入れるところから始まります。

「いや、そんなことはない」と言っている人は、変化できません。

これは、病気を治すのと一緒です。

「私はそんな病気ではない」と言っていたら、治療できません。

「あ、そういうこともあるのかな。実際そうなんだ。それに初めて気づいた」と思ったら、変化は始まります。

変化は、しようと思ってできることではありません。

気づいたら勝手にしているものです。

あなたの変化は、目の前の現実を受け入れられるかどうかにかかっています。

あなたがどういう男性かは、まわりの女性がどういう見方をしているかでわかります。

まわりの女の見ている視線が、結局「今のあなた」です。

まわりの女が、「あの人はオヤジだ」と言ったら、オヤジなのです。

これは否定できないことです。

現実を受け入れられない人は、「まわりが自分を誤解している」と言います。
でも、それは「あの先生はヤブ医者だ」と言っているのと同じです。
「たしかにそういうこともあるかな」と受け入れることが大切です。
「小娘に何がわかるか」と言ってはいけません。
女のほうが、見る目は敏感です。
ヘンな先入観で物事を見ません。動物や子供と同じ純粋な目を持っています。
あの人は好感が持てる、あの人は好感が持てないという女の目は厳しいのです。
それを純粋に受けとめていくことが大切です。

女に学ぶビジネスの法則

16

「今の小さな自分」を、受け入れよう。

17

男にとって、食べることが食事である。女にとっては、食べるまでのプロセスも食事である。

男にとっては、おなかがいっぱいになることが食事です。

「食べること」が食事なのです。

ところが、女にとっては、「食べるまでのプロセス」も、「食べている瞬間」も、「食べた後」も食事です。

その時点が点ではなく、線なのです。

プロセスには、「食前」「食中」「食後」がちゃんとあるのです。

それ全部が「食事」です。

レストランやホテルで成功するためには、男性的な発想ではお客様は来ません。

ただおいしいモノを食べさせればいいんだろうという発想のレストランは、もう流行《はや》りません。

それは、ただ結果でしか物事を見ない男性的な発想のサービスです。

デートをする時でも、おいしいモノや高いモノを食べさせるには、高い店に連れていけばいいと思っている人は、モテません。

食べるモノもあるけれども、食べるまでのプロセスや、食べた後のプロセスがどうなのかという流れで食事を楽しむことが大切です。

男の食事は、本当に一瞬で終わります。

ほとんど飲み込むという世界です。

忙しい男はお昼休みでも、一粒で食事ができたらそれでいいという発想です。

どのように、誰と、何を食べたかというプロセスは、全然関係ないのです。

それでは女にモテません。

おなかがいっぱいになるだけでいいなら、一つボンと食べさせるだけですんでしまいます。

たぶんそんなモノが将来出てくると思いますが、それは女にとって食事ではないのです。

女にとっては、ドラマが大事です。

ドラマは、一粒では生まれません。

女に学ぶビジネスの法則

17 結果より、プロセスを楽しもう。

18

男は、勝ち負けにこだわる。女は、ドラマにこだわる。

男は、結果だけにこだわります。

結果さえ出せればいいと思っています。

それで、プロセスなんかどうでもいいと判断します。

たとえば恋愛でも、プロセスは省略できたら省略したほうがいいという話になってしまいます。それが男性的な発想です。

でも、女はプロセスのほうが大事だと考えます。

プロセスのほうに本当はドラマがあるのです。

結果はデジタルなものなので、ドラマはありません。

スポーツの試合を見ても、男は勝ったか負けたかだけしか考えません。

女は、勝ったか負けたかよりは、それまでにどういうゲーム展開があって、どういう選手がいて、どういうドラマがあったかを見ています。

往々にして、勝ったところだけを評価されがちですが、女は、負けたチームのあの人はカッコよかったという見方をしていくのです。

弱いチームにもちゃんとドラマを見ることができます。

ところが、男は強いチームにしか目が行かないので、強いか弱いかという議論しか出てこないのです。

女は、そこの中にあるドラマ性を見ます。

強いか弱いかだけを見たのでは、ドラマは生まれません。

女に学ぶ
ビジネスの
法則
18

勝ち負けより、ドラマを楽しもう。

19

男は、楽しかったことを10個書き出せる。女は、100個書き出せる。

同じ状況の中でも、女性は男性より10倍楽しめる能力を持っています。

女のほうが楽しい環境にいるということではありません。

同じ環境にいても、それを楽しく感じる能力、楽しめる能力があるということです。

男は、同じようにつらい状況にいたとしても、そのつらい状況を楽しめなければダメです。

たとえば、温泉に行く予定を立てたとします。

予約をしてその温泉に行ったのに、予約がとれていませんでした。

部屋は満室なので、どうしようもありません。

男は、メンツが丸つぶれで怒ってしまいます。

そういう時、満室ならふとんを全部使って、ふとん部屋が空いているのですから、私なら「ふとん部屋でいい」と言います。

ふとん部屋に泊まれる機会など、なかなかありません。

ふとん部屋は、窓もなくて、不思議な部屋です。

残っているふとんが積んである横で、二人きりのちょっとエッチな感じがいいのです。

予約が通っていなかった悲惨な状況でも、逆手にとって楽しむことが大切です。

女に学ぶビジネスの法則

19 楽しいと感じることを、100個書き出そう。

20 男は、ハプニングを避け、女は、ハプニングを期待する。

モテない男は、ダンドリどおりいくことを期待しています。

ですから、ダンドリが変更になると弱いのです。

上司が怒っている時は、だいたいダンドリが変わった時です。

「オレは何も聞いていない」ということで怒るのです。

でも、女はダンドリが見えたらつまらないのです。

ある意味で成り行きのほうが楽しいのです。

それを男は、「女は計画性がない」と言って非難します。

でも、本当に楽しいのは、ダンドリから外《はず》れていくことなのです。

ダンドリどおりいったら、想像の範囲を超えません。

男は、臨機応変《りんきおうへん》でなければなりません。

そこで、どれだけ笑っていられる余裕があるかです。
余裕のない男は、モテません。
予約が通っていなかったと言って、ブチ切れてはいけません。
それよりは、「そういうこともあるだろう。せっかくだから何か楽しもう」
と思うのです。

女に学ぶビジネスの法則

20

ハプニングを、期待しよう。

21 「ダンドリが悪い」と怒る男は、モテない。解決策を提案する男が、モテる。

世の中には、ダンドリの悪いことはたくさんあります。

人間のダンドリが悪いこともあれば、神様のダンドリが悪いこともあるのです。

神様にも予定があります。これを「運命」と言います。

運命は決まっていても、神様の予定は未定なのです。

神様だって忙しいのです。

その時に、「ダンドリが悪い」と怒っているだけでは、なんの解決にもなりません。

それよりは、「ふとん部屋に泊めてよ。ふとん部屋が空いているでしょう？」とアピールするのです。

そこで怒ったら、損です。交渉が決裂します。

アピールは、ニコニコしてするものです。

ダンドリが悪いと怒っているだけの男性は、アピール力がないのです。

次の解決策を何も提案できていないのです。

解決策を提案したら、ホテルのほうも「ふとん部屋でいいんですか。そんなことは今まで言われたことがないですが」と言いますが、「いや、それでいいから」と言うのです。

そうすると、「あの時ふとん部屋へ泊まったんだよね」というストーリーができるのです。

これが、ドラマです。予定どおり予約の部屋がとれていたら、ただの旅行です。

女に学ぶビジネスの法則

21

ダンドリの悪さを怒るより、解決策を提案しよう。

22

ユーモアは、家庭ではぐくまれる。

オヤジは圧倒的に笑いが少ない。

女は、おばさんになっても笑います。

これは大切なことです。

おばさんたちが、みのもんたさんの番組を見学に来てあれだけ笑えるのは、家庭内に笑いが少ないからです。お父さんが笑ってくれないからです。

笑いの感覚は家庭で鍛えられます。笑いのない家庭で育った子供は、笑いを知らないまま成長します。

私の家は笑いが絶えませんでした。

母親だけでなく父親も妹も巻き込まれて、ユーモア感覚での激戦地でした。

面白いことを言うのではなく、笑えることがユーモア感覚のベースです。

面白いことを言うだけが笑いではありません。
漫才にはボケとツッコミがあります。
面白いことを言っているのはボケです。
ツッコミは「なんでやねん」と言いながら笑っている感覚です。
女は、ティーンエイジャーでなくても、箸《はし》が転がってもおかしいのです。
男は、箸が転がったことを笑える女の感性を学ぶことです。
高級レストランに入ったのにテーブルがカタカタすると、男はムッとします。
でも、カタカタしていることを笑えるほうがいいのです。
どんなことでも笑いの材料になります。
逆に、どんなことでも怒れる材料にもなります。
ムッとするようなことと笑えることが存在するのではありません。
同じことでムッとしたり笑ったりできるのです。
それなら笑ったほうがいいわけです。
ダンドリの悪いレストランで、注文がなかなか来ない時、「もう帰ろうか」

と言うと運ばれてくる、これはどこかで見ているに違いない。

「立つと来るのはどういうことなんだろう。客席をよく把握《はあく》しているね。素晴らしいからぜひ支配人に、ほめておかなくちゃ」と思えることです。

そこでムッとしても始まりません。

ムッとすることと笑える状況は紙一重です。

窓口のダンドリが悪く行列ができて、怒鳴りたくなっている瞬間があります。そこで少し引いてみると、「さあ、誰が怒鳴ると思う？　この人はぼちぼちキレかかっているよね」と笑いの材料にすることができます。

女に学ぶビジネスの法則

22

家庭で、笑おう。

23

女は、足元の問題から解決する。

問題解決のアプローチの仕方は、男女で違います。

女は各論から入ります。とにかく今できることから片づけます。

男は総論から入ろうとするので、話が大きくなります。

これがケンカのこじれるもとです。

ケンカの時に、女は男に、すぐできる小さいことを変えてほしいだけです。

男は必ず「その前に根本的なところをどうするんだ」となるので、「じゃ、別れるの？」という話になります。

大もとを変えるより、今変えられることを変えることで変化が起こります。

総論を変えることで変化させようとすると時間がかかります。

各論は「じゃ、これからそういうふうにしよう」とすぐに変えられます。

そうしたら、ほとんどのケンカは解決します。

総論をどうするかということから「じゃ、別れるの？　別れないの？」「そんな話をしていない」という展開になります。

仕事でも同じです。

男は筋道の整合性ばかり考えます。整合性を考えると変化はできません。

もう少し柔軟に、ここところを直して、とりあえず今できるところへ行って、次にできることをまたやっていくと次第に変わる、という発想を持つ必要があります。

それが変化していけるということです。

女に学ぶビジネスの法則

23 足元の問題から、まず解決しよう。

第4章
女は、気持ちのよさを最優先する。
――頭より、体で動く仕事はスピードがある

24

男は、言葉を重んじる。女は、声を重んじる。

男は話されたものより、書き言葉を権威のあるモノと感じます。

会社では、なんでもすぐ「書類にしろ」と言います。

書類は記録としてはいいのですが、そこにはニュアンスや声の響きはありません。

女は、言葉が論理的であるかということより、声のニュアンスを気にします。

「ダメだよ」というのは、文字にしたら同じですが、言い方はいろいろあります。

あたかも厳しく叱っているようなもの、励ましているもの、アイ・ラブ・ユーに近いものもあります。

女は、言葉の文言より音のニュアンスを重視します。

携帯電話はメールだけでは存在しません。

知っている者同士ならメールでもニュアンスはわかります。

そこで、絵文字が必要になるわけです。絵文字やフェイスマークを入れることで、文字に声のかわりになる何かを伝えようとします。

携帯電話の強みは、メールだけでなく、直接言葉で話せることです。

書き文字ではなく、話し言葉がより大切になります。

話し言葉は、文字にしてみると、主語・述語が合っていなかったり、文法的に間違っていることもいっぱいあります。

でも、感情は音声で伝わります。

音声のニュアンスを消した本は、読者には伝わりません。

私はコマーシャルの世界で生きていました。

コマーシャルの世界は、必ず耳で聞く言葉です。

みんなの心に残るキャッチコピーは、必ず音の響きを持ったコピーです。

書き言葉として完結している言葉は、音がなくても成立しているので、実は多くの人の心には残りません。

私が大好きなコピーは、

「そうだ
京都、
行こう。」

です。

書き言葉では「そうだ　京都に行こう」、または、「そうだ　京都へ行こう」です。でも、「に」や「へ」が消えるところで、音が生きてくるのです。

「京都、」の読点が生きています。

「に」や「へ」は、頭の中で自然と補っているのです。

女に学ぶ
ビジネスの
法則

24

言葉より、声に気をつけよう。

25

余裕のある話し方のほうが、凄《すご》みがでる。

力《りき》んだ話し方をする男は、モテません。

男の話し方は、ともすれば力みます。

大切なことを言おうとすればするほど、低音になり、凄みます。

それでは女には伝わりません。

私は役所広司さんが好きです。

役所広司さんは、すごい低音が出せる人なのに、一つのドラマの中で1回しか低音は出しません。

残りのところは全部高音です。

高音は力を抜かないと出ません。

カラオケで歌う時に、高音がヘンになる人は力が入りすぎているのです。

「大都会」は、怒鳴って歌ったらだいなしです。

プロは高音を出す時に力をフッと抜きます。

のどの力をリリースすることで高音を出します。

ヒトラーの演説のように強く話すのは説教です。

オヤジの説教は演説です。

楽譜と同じように、同じ文章でも1オクターブ上げて言おうとしたら、強い口調では言えません。

仕事の話は声を落としたほうが信用されるという思い込みがあります。

それは、仕事の話は男性が言わないと信用されないというのと同じ論理です。

大阪では、商人の言葉はオクターブ上げます。

声を上げて力を入れると金切り声になります。

力が入る時は冷静さや余裕がありません。

余裕がある時は、声を高くしたらちゃんと力が抜けます。

力が抜けて高く出る時は余裕を感じます。

日常会話はほとんどの人が力を抜いた高音で話しています。
それは、リラックスしているからです。
「よし、頑張ろう！」という妙な力みがありません。
「これ、こうじゃないんですか」と聞かれて「違うよ」と言う時に高音になります。
低音で「違うよ」と言うと、怖くなります。
緒形拳さんも、渋くて低音のイメージがある方でした。
でも、話し方はソフトで高音でした。
銀行や病院で名前を呼ばれて、「はい」と答える時には高音になります。
それでいいのです。
探していたラーメン屋さんを見つけた時に「あ、ここだ」と言う時も高音です。
低音で言うと、ヘタな芝居になります。
宝くじが当たったら「当たった！」と高音になります。

低音にはなりません。
男はつい低音の世界で生きようとします。
低音も出せる人が、ちゃんと力を抜いて高音を出すと、カッコいいのです。

女に学ぶ
ビジネスの
法則

25

余裕のある声で、凄みを出そう。

26

男は、ハダカに色気を感じ、女は、姿勢《フォーム》に色気を感じる。

男は単純で、ハダカにすぐに目がいきます。これはモテない男です。
ハダカだから色気があるのではありません。
本当の色気は姿勢です。
どういう姿勢かで、セックスアピールがあるかどうか決まります。
それは男も女も同じです。
「リラックスしている姿勢」イコール「だらしない姿勢」ではありません。
一本筋の通った姿勢を持っている人は、服を着ていてもセクシーです。
ファッションモデルやダンサーのセクシーさは姿勢です。
男もちゃんとした姿勢を持つことが大切です。
ブランド品の高いスーツを着ていたとしても、ちゃんとした姿勢をしていなければカッコよくありません。
ちゃんとした姿勢があればTシャツでもカッコいいです。
身体的な姿勢が生き方の姿勢を反映します。
生き方はだらしがなくて姿勢がいいという人はいません。
ブティックでサイズを探す時は、姿勢のいい店員さんを探すことです。
姿勢の悪い店員さんに頼むと、対応は悪いです。
その人の対応のよさは姿勢でわかります。
対応の悪い人に頼むと最悪なことになります。

女に学ぶビジネスの法則

26

魅力あるフォームを身に付けよう。

27

姿勢のいい人は、仕事が速い。

スーパーのレジ係で速い人と遅い人の差は、姿勢です。
姿勢のいい人は仕事が速いです。
何人並んでいるかよりも、速い人のレジに並ばないとダメです。
倍の人数が並んでいても、姿勢のいい人のレジに並んだほうがいいです。
オヤジは姿勢が悪いです。
背骨を曲げて前かがみか、ふんぞり返るか、どちらかしかありません。
真ん中にとどまっていることがありません。
モテる男は、ソファーに座っていても姿勢は自力で保っています。
自分の骨と筋力で座っています。
小料理屋の隅で着流しで座っている人は姿勢がいいです。

ちゃんとしたヤクザは姿勢がいいのです。
いつ襲われてもいいような体勢でいます。
ポケットに手を入れて姿勢の悪いヤクザはしょせんチンピラです。
サラリーマンでも、昼ごはんを食べた後の姿勢は悪いです。
気持ちが緩《ゆる》んだ時に、その人の姿勢が最もあらわれます。
お辞儀の角度がどうのこうのと言う前に、姿勢のクセを直すことです。
「いい姿勢」イコール「胸を張ること」ではありません。
突っ張ることでもありません。

女に学ぶビジネスの法則

27

気持ちのいい姿勢を身に付けよう。

28

男は、恋を頭でする。女は、恋を体でする。

男は、恋愛を、頭でします。
女は、恋愛を、体でします。
ちょっと聞くと、逆のような気がするかもしれません。
女は、恋愛を、理屈ではしないということです。
男が「恋愛を体でする」と言う時は、下半身だけの問題です。
女が、恋愛をするのは、体全体です。
エッチな意味だけではありません。
体全体で感じるのです。
頭でっかちなのは、女ではなく、男のほうなのです。
「女心は、コロコロ変わって、困る」と男性が言うのは、頭で恋をしようとするからです。

自分の理屈に合わないと、「コロコロ変わる」と、責めるのです。

女は、理不尽な事をしているのではなく、体で感じたまま、反応しているだけなのです。


頭の理屈よりも、体の理屈を優先するのです。

恋愛に対しては、女のほうが、はるかに柔軟です。

いいかげんなのではなくて「しなやかだ」ということです。

それは、体で感じるため、妙な筋肉に力が入っていないからです。

男は、頭で考えすぎているために、筋肉に妙な力が入ってしまいます。

男の大好きな説教は、頭で考えている証拠なのです。

女にとって恋愛は、エアロビクスと同じです。

ステップや動きが少々間違っていても、気持ちがいいことが大切なのです。

男は、ステップにしばられて、ちっとも気持ちよくありません。

挙句のはてには、「30分で、何キロカロリー」ということばかりを、気にしてしまいます。
水泳もエアロビクスも恋も、「爽快感がある」ということのほうが、もっと大切なのです。

女に学ぶビジネスの法則

28 恋も仕事も、頭ではなく、体でしよう。

29

男は、幸せを探す。女は、幸せを感じる。

幸せは探すものではありません。

「今」の状況において幸せを感じることが大切です。

幸せは探していくと見つかりません。男性は幸せを探していった結論として、「幸せなんてないんだよね」ということで落ち着こうとします。

幸せは幻想にすぎない、仕事というのはつらいものであると考えます。

でも、女は、仕事はたしかにつらくても、つらい中にも喜びを感じようとします。

あなたが幸せかどうかは、状況や環境が決めることではありません。

あなたが幸せを感じるセンサーをどれだけ敏感に持てるかです。

紙芝居は、一つの絵で10秒ぐらい話します。

それより、1秒ごとに動いたほうがもっとリアルです。
映画は1秒が24コマ、ビデオは1秒が30コマあります。
遊園地にあるシミュレーションの映像は、1秒間に60コマあります。
よりリアルな映像で、ジェットコースターに乗っている気分になります。
紙芝居の絵でジェットコースターに乗っている気分にはなれません。
それと同じで、女性は1秒間のコマ数が多いのです。
だから、幸せを見つけられるポイントがあります。
スローモーションで見ていったら、ここに幸せがあったと気づくことができます。
女はスローモーションの精度が高いのです。

女に学ぶビジネスの法則

29

幸せを、探すのではなく、感じよう。

第5章

女は、ガマンしない。

――「目標」があるから、努力して前に進む

30

女は、怒りが小さいうちに伝えられる。

モテない男は「女はすぐ文句を言う」と言います。
それは違います。
女は怒りが小さいうちに吐き出せるのです。
男は小さな怒りをのみ込みます。
吐き出すことが恥ずかしいと思っているからです。
そうすると、小さな怒りがどんどんたまります。
そして、とうとう限界点に達した時にぶちキレます。
そういう人とはつきあいにくいものです。
コミュニケーションができません。
怒りを吐き出すことも、ケンカも、コミュニケーションです。

モテない男は、「オレは今までこんなにガマンしてきたのに」と恩着せがましいことを言います。

怒りは出していいのです。

小さいうちにどんどん吐き出します。

怒りはためないことです。

ためても解決はできません。

怒りは小さいうちに吐き出すと、大きな問題にはなりません。

相手も微調整できます。

女に学ぶビジネスの法則

30

怒りは、小さなうちに吐き出そう。

31
男はガマンし、女は努力する。

男はガマンがカッコイイと思っています。

女は努力が得意です。

男は「オレはこんなにガマンしているのに」という自己満足に陥ります。

ガマンと努力では、ガマンのほうが簡単です。

努力は、どうやって努力しようか考え、行動しなくてはいけません。

ガマンはじっとして「オレこんなにツイていない」とぶつぶつ言っていればすみます。

男がガマンを続けていると、いつの間にかガマンを努力だと思い、ガマンと努力の区別がつかなくなります。

ガマンをやめた時に初めて努力せざるを得ない状況になります。

ガマンには目標はいりません。
でも、努力には目標が必要です。
ガマンしない人生を選ぶ時に、戦いが始まります。
戦う男が、モテるのです。

女に学ぶビジネスの法則

31 ガマンをやめて、努力をしよう。

32 男のレジャーは、ゴロ寝。女のレジャーは、勉強。

レジャーには、3つあります。
第1次レジャー、第2次レジャー、第3次レジャーです。
第1次レジャーはゴロ寝です。
何もしないで寝ていることです。
第2次レジャーは娯楽です。
リゾートホテルなどでアクティビティーと呼ばれているものです。
スキューバやパラセイルです。
第3次レジャーは教養・勉強です。
男はいまだに第1次レジャーでとどまっています。
頑張っても、第2次レジャーのゴルフ・マージャン・カラオケまでです。

女は第3次レジャーに入っています。

ここでレジャーのレベルに大きな差がついています。

行動力や向上心において、女性のほうがはるかにすぐれています。

同じレジャーをする時でも、女性と一緒にレジャーを楽しむほうが、レジャーのレベルが上がります。

女が「今度遊んでください」と言った時、ゴロ寝ではダメです。

それは遊んでいることにはなりません。

「美術館に行きましょう」という誘いは、女にとっては十分レジャーになります。

「勉強すること」イコール「のんびりすること」で、気分転換になっているのです。

レジャー産業の担《にな》い手のリゾートホテルの経営者が、「レジャー」イコール「ゴロ寝」の発想ではダメです。

その人が休みの日にひたすらゴロ寝をしているようでは、お客様を楽しませることはできません。

ホテルの朝ごはんの時に、ホテルマンが「よくお寝《やす》みになれましたか」と言うのはおかしいです。

寝に来ているわけではないのです。

「朝まで起きていましたか」と言うぐらいでいいのです。

ホテルに泊まっても、つぼを焼いたり、染物をやったり陶芸をやったりするほうが楽しいのです。

朝まで絵を描いていて寝なかったというのは、その人にとってはとても楽しい時間をすごせたということです。

女に学ぶ
ビジネスの
法則

32

勉強を、レジャーにしよう。

33

射精した後にしたいことが、本当にしたいこと。

射精した後に優しい人が本当に優しい人です。

イったら帰りたいと思う人は、やりたいだけの人です。

男は、その時々の状況で本当にやりたいことが変わります。

イく前はやりたいと思っていたことでも、イったらもうやりたくないと思ったら、それはやりたいことではなかったのです。

遊び・仕事・セックス、全部含めて、射精した後でもやりたいことが、その人が本当にやりたいことです。

イっちゃったらもういいやと思うことは、本当にやりたいことではありません。

射精はセックスの一部分です。

射精したら早く帰りたいと思う人は、セックスが好きな人ではありません。

射精が好きなのです。


セックスという時間の流れの中で射精は一瞬のことです。

相手をイかせるより自分がイくほうが楽しいと言える自覚症状のある人は、まだ救いようがあります。

そういう自覚症状もなく、「射精」イコール「セックス」だと思っている人がいっぱいいます。


自分がイくだけでいいなら、オナニーとかわりありません。

モテない男は、「セックス」イコール「射精」と考えています。

そこには予感も余韻もありません。

プロセスが存在しないということです。

そういう人はツボに鍼《はり》を打たれてピュッと出たらそれでいいのです。

精子の検査をする時、看護師さんが前立腺を指で刺激するとピュッと出ます。

それが一番早い方法だということです。

私は、本を書いた後にしたいことは、本を書くことです。

それが、本を書くことが好きだということです。

本を書いた後にしたいことがパチンコだったら、その人のしたいことは、本を書くことではなく、パチンコなのです。

あなたは、仕事をした後、何をしたいですか？

女に学ぶビジネスの法則

33

仕事をした後にしたいことを、仕事にしよう。

34

健康な人ほど、魅力的な毒を持っている。

不健康がその人の不良性ではありません。
不良性はある意味ワイルドな魅力になります。
不健康がワイルドな魅力ではありません。
ワイルドな魅力とは、毒を持っていることです。
大切なことは、どれだけ毒を持てるかです。
毒を持つためには健全な体を持たないとダメです。
毒を内側に持つと、それに対抗しうる免疫力を持たなければなりません。
毒を持っている人間のほうがより健康です。
健康にならないと毒を保てません。
もし毒のある小説を書こうと思ったら、体を鍛えないとダメです。

不健康なことをしていると、自分の体が毒を支えきれません。
不健康な不良は存在しません。
本当は、不良になるためには体を鍛えないとダメです。
不健康がカッコいいと思うのは、モテない男の発想です。
特に、オヤジは、自分の不健康を得々と話します。
女は「健康」をライフスタイルの一つの軸として必ず持っています。
健康の上にすべてを積み重ねていくという発想です。
この発想は男にはありません。
女は子供を産んで、育てるからです。
えさを取ってくる強い生命力を持った男は健康には敏感になります。
体を壊したらえさを取れなくなります。
栄養が足りているだけではなく、自己管理がどれだけできるかです。
その健康は、常に精神力を反映します。
健康であることを恥ずかしがっているようではダメです。

不健康な人間に毒はありません。

ワルでもありません。

毒は、駆け引きができるという手段的なことではなく、常識を超えていく発想の柔軟さです。

みんなと違う発想ができるということです。

女に学ぶ
ビジネスの
法則

34

魅力的な毒を持つために、
健康になろう。

35

清《せい》廉《れん》潔《けつ》白《ぱく》な男は、弱い。

ビートたけしさんの毒舌はみんなと違う発想から出てくるものです。

悪口ではありません。

人間でも芸術でも毒がないと魅力がありません。

清廉潔白な芸術は存在しません。

レオナルド・ダ・ビンチが芸術家として素晴らしいのは清廉潔白ではないからです。

レオナルド・ダ・ビンチは解剖学が専門の医者でした。

彼は絵を描く時に人間の体を初めてねじりました。

それまで絵画上では、ねじった体は存在しませんでした。

これがレオナルド・ダ・ビンチの毒です。

解剖図も描きます。

解剖図は、死者・神に対しての冒瀆《ぼうとく》であるという考えがありました。

が、レオナルド・ダ・ビンチは、それは、科学であり芸術であるという考え方を持っていました。

男と女では、女のほうがはるかに毒を持っています。

男は毒に弱いのです。

それだけ不健康なのです。

不健康でなおかつ不健康を自慢するのは器が小さいです。

睡眠時間の短さや胃潰瘍、二日酔いを自慢する人がいます。

それはただだらしないだけです。

生命力が弱いものには毒は持ちきれません。

毒で死んでしまいます。

生命力が強いものには毒があります。

いつも清廉潔白であろうとする人は、ちょっと毒にふれただけで倒れてしまいます。

きれいごとを並べる人には現実感がありません。
現実を生きられる人に、仕事も女も、ついていくのです。

女に学ぶビジネスの法則

35

体もアイデアも、一つねじってみよう。

36 モテる男は、「奥さん、独身？」と誘える。

96歳で、ポルシェの新車を買った男性がいました。

ポルシェの新車を買う人を、おじいさんとは呼べません。この話を女性にすると、必ずこう言われます。

「男性は、いいわよね」

96歳のミスター・ポルシェには、ガールフレンドがいます。ミスター・ポルシェは、ガールフレンドのことを、「ベイビー」と呼びます。ベイビーを、エスコートするために、ポルシェを買ったのです。

ちなみに、最愛のミス・ベイビーの年齢は、84歳です。

それぞれ、独身で、お孫さんがいます。

バイアグラも活用しています。

バイアグラは、男性のためだけにあるのではありません。医学の進歩の恩恵を受けているのは、ミスター・ポルシェよりも、ミス・ベイビーのほうですね。

私は「95歳まで生きる」つもりでした。

それを、修正することにしました。

125歳まで生きることにしました。

ただ、生き延びればいいのではありません。

セックスができるという状態で、125歳まで生きるのです。

人間の寿命は、180歳まで延びるといわれています。

それから比べれば、少なくとも「100歳までセックスできるようにする」というのは、かなり現実的な目標です。

人間の精神年齢は、何年生きたかではありません。

「あと何年生きるか」で、その人の精神年齢は、決まるのです。

100歳まで生きる人にとっての50代は、平均寿命70年の国の20代なのです。

医学的な若返りは、どんどん進みます。

精神的な若返りも、追いついていくことです。

せっかく、肉体が20代に戻れるのに、精神が50代のままではいけないのです。

安藤和津《かづ》さんは、2つの目標を持っていると教えてくれました。
①「よぼよぼになっても、クラブで踊る」
②「娘と同い年のボーイフレンドを作る」
まさに生き方のよいお手本です。

前者は、自分の行動力です。後者は、人間関係です。

今は亡きコシノアヤコさんは、米寿を迎えられても「40代のボーイフレンドが、二人いる」とおっしゃってました。

恋人を、作っていいのです。それどころか、子供と同世代の恋人を、作っていいのです。

その人の年齢は、恋人の年齢に比例します。

あなたのいちばん若い恋人の年齢が、あなたの年齢なのです。

その恋は、精神的な恋愛だけでなくていいのです。

肉体的な恋愛だっていいのです。バリバリ、セックスライフを楽しんでいい。

「でも、昔のように若くはないから」

オードリー・ヘップバーンが、晩年、ジバンシーに会った時も、同じことを言いました。

その時、ジバンシーは、こう言いました。

「確かに、君は、若い頃の君ではない。昔より、はるかに、エレガントになったよ」

あるイタリア人は、いつもこういって口説きます。

「奥さん、独身？」

女に学ぶビジネスの法則

36

自分の精神年齢を、恋人の年齢で計ろう。

第6章

女は、ココ一番では目をつぶらない。

——現実を直視する力が、ピンチを救う

37

どん底では、女が強い。

武田鉄矢さんは「母に捧げるバラード」で爆発的に売れて、紅白にも出ました。

ところが、次の年には全然売れず、田舎に帰って大みそかは夫婦でスナックで皿洗いのアルバイトをしていたそうです。

スナックでグラスを洗いながら奥さんとTVで紅白を見ていました。

下積みの人がそれをやるのはまだいいです。

去年紅白に出ていた人間がそれをやるのはつらいです。

男としては、自分の愛する妻にその思いをさせるのはよけいにつらいです。

お客様がいるのでチャンネルをかえることもできません。

落ち込んでいる自分も、それを妻に見られるのも両方つらいです。

その時、「TVは消しちゃいけない。去年は登りつめて、またどん底まで落ちた。ここが人生のどん底だから、よーく見ておきましょう」と奥さんが言ったそうです。

どん底で目をつぶってはいけません。

ここが人生のどん底だから、よーく見ておいて、またはい上がった時に「あそこがどん底だったね」という、どん底の景色を覚えておくことです。

どん底というものを抽象的な概念でとらえてはいけません。

どん底の景色を覚えておくのです。

自分にとってのどん底の景色は何か考えます。

体験したどん底の風景を持っている人は強いです。

ほとんどの男性はどん底で目を閉じてしまいます。

女は、どん底でちゃんと目を見開いて見ることができます。

どん底で目を閉じてしまう人は、そこからなかなか抜け出せません。

女は常に「今」という時間で生きています。

男はどん底に来た時、目を閉じて「昔はよかった」と言います。

「今」という時間に対応できないのです。

後から振り返って、あれがどん底だったという景色がちゃんと思い出せれば、その時に目をあけていたということです。

あやふやだとしたら、目を閉じていたということです。

今がどん底なら、今の景色をしっかり見ておくことです。

女に学ぶビジネスの法則

37

最低の時は、地獄の景色を覚えておこう。

38

昔話の多い男は、モテない。思い出の量が多い男が、モテる。

男と女では、女のほうが生命力があります。

ということは、せっぱ詰まっていないということです。

女はどんな悲惨な状況でも、余裕を持って眺められるのです。

男は、昔話をします。

女は、思い出話をします。

昔話は、そこに余裕がないので、成功談だったり自慢話だったりします。

思い出話は、「あれは大変だった、つらかった、でも今思うと涙が出てしまう」というような、胸がキュンとする話です。

同じ過去の話をするにしても、ただの古くさい昔話か、思い出話かで、男への印象が違ってきます。

昔話というのは、今を否定して、昔はよかったという話です。

思い出話というのは、今でもキュンとする話です。

たとえば、17歳の時に失恋した話を現在に持ってきます。

そうすると、現在、まさに17歳の気持ちになるのです。

それが思い出話です。

今を否定していないのです。

ところが、昔話は、昔はよかった、今はダメだと否定しているのです。

女にとって、今も、17歳の時も、時差はほとんどありません。

17歳のころを思い出す瞬間は、今も17歳なのです。

男は17歳を思い浮かべた時、今と対比して年をとってしまったという見方をするのです。

長嶋茂雄さんは高校生のころ甲子園に出られなかったので、甲子園を一度も見たことがなかったそうです。

ずいぶんと経ってから初めて甲子園に行って、「どう思いますか」と聞かれた時、長嶋さんは、「僕は高校野球の甲子園大会に出られなかった。悔しい」と言ったのです。

「悔しい」という現在形です。

「悔しかった」ではないのです。

その瞬間、長嶋さんは高校生です。

これが、時を超える人ということです。

これは女の感覚です。

女にとって、過去形も未来形もありません。すべて現在形です。

だから、思い出というのが大切なのです。

女に学ぶビジネスの法則

38 昔話ではなく、思い出を作ろう。

昔話の多い男は、モテない。思い出の量が多い男が、モテる。

39

男は、自分を慰める技を持っている。女は、自分を励ます技を持っている。

男が仕事を終えて飲み屋に行くのは、赤ちょうちんでお互いにグチをこぼしながら慰め合うためです。

男は慰め合う手段をたくさん持っています。

女は自分を鼓舞《こぶ》するモノを持っています。

メイク・買物・洋服を着る・豪遊する・美容院に行く……。

気分を変えて、テンションを上げる方法を持っています。

男はテンションを上げる方法を持っていません。

女はイヤなことを忘れようと、気分転換に飲みに行きます。

男はイヤなことをグチグチ語り合い、「仕方ないよね。みんなそうなんだね。会社ってそういうものだ」と安心しに行きます。

下がったテンションで仕方ないと諦めるのです。

キャバクラに行って絡《から》むのも一つです。

絡んで、「自分もダメなように、君もダメ」という仲間をつくろうとします。

オヤジは「大丈夫」とは絶対言いません。

「おまえの考えていることは甘い。社会・人生はもっと厳しい」と言います。

そうやって自分と同じところへ叩き落とそうとしているのです。

たとえば、年齢差のある年下の女性と話をする時、「僕はこの子の年齢の時にもっと幼いことを考えていたから、この人はかなりたいしたものだな」と思います。

オヤジは「僕も君ぐらいの時にそんなことを考えたんだ。でも甘いんだよね」と言います。

そんな人に「君は若いころの僕そっくりだよ」と言われたらイヤです。

「似てないよ」と言いたくなります。

泣くことは、相手に弱みを見せることです。

喜怒哀楽がないから平常心でいるというわけではありません。
オヤジというのは喜怒哀楽がなく、平常心もありません。
すぐに精神の安定性を崩します。
人間の体にあるいろいろなホルモンが作用し合ってバランスが保てるのです。
だから、キレたり、むかついたりしないのです。
喜怒哀楽も持ちながら、平常心も持つことです。
男は、泣いても、自分を慰めるために泣きます。
女は、自分を励ますために、泣くのです。

女に学ぶビジネスの法則

39

自分を慰める技より、自分を励ます技を持とう。

40

男は、イヤなことを忘れられない。女は、メイクと一緒にイヤなことを拭《ぬぐ》い取る。

イチロー選手の成績は、悪い時にも新聞に大きく載ります。
一人の成績が毎日大きく扱われるのは大変なことです。
イチロー選手は成績が悪かった時は、すべてロッカールームで解決して帰るそうです。
これがイチロー選手の天才的なところです。
仕事ができない男・モテない男は引きずります。
その日のうちに悪いことのケリをつけられません。
女はメイクを落とす瞬間に、「これでおしまい」とすべてケリをつけられます。
クレンジングはとても重要なことです。
私も役者をするのでわかりますが、これはかなり面倒です。

メイクをしたまま1日寝たら、1年歳をとると言われます。

そうなったら怖いので、必ずメイクを落とします。

遅くまで撮影して、翌日も朝が早いのでちょっとしか寝られなくて、このままバタリとベッドで寝たいと思う時に、メイクを落とすのは面倒くさいと思います。


でも、メイクを落としながら、役者は役からいったん抜け出します。

女は今日のイヤなことを一緒に捨てます。

明日、またメイクをしながらテンションを上げます。

男にはこれがありません。

男はグズグズお酒を飲みながら、今日あったイヤなことを反すうします。

同じ日記を書いても、男の日記は今日のイヤなことを忘れまじとして書きます。

女の日記は、書いて忘れます。

書くことで自分の内側にあったものを外へ押し出し、別な形のモノとします。

男は、書けば書くほど記憶に残ります。
男はつらいです。
だから、女から学んだほうがいいのです。

女に学ぶ
ビジネスの
法則

40

嫌なことを忘れる技を持とう。

41 ピンチを、笑いにする。

私は余裕がなくてムッとするということはありません。

それでもくじけそうな時はあります。

くじけそうな時は女性に身をゆだねて、くじけそうになっている自分をギャグにします。

ピンチの時は最も笑いがとれます。

大成功している時に笑いはとりにくいものです。

笑福亭笑瓶さんが「スターどっきり」で、目の前に水の入った大きい風船をボンと落とされたことがありました。

すごくびっくりしている時に、「こんなもん、ひとつもびくともせんわい」と言いながら、持ったタバコがブルブル震えていました。

そこでタバコを出すことが重要です。

タバコを出しても火もつかないし、タバコを持った手が震えてとまらないことはわかっています。

「びくともせんわい。もうちょっと驚かせてもらわんと」と言いながら、手が震えていると、笑えます。

ピンチを笑いにできるのは余裕があるからです。

他人のピンチを笑いにすることはできますが、自分のピンチを笑いにすることは難しいです。

自分のピンチを笑いにできたら、女性は必ず笑ってくれます。

そこで女性が笑ってくれたら、すべて救われます。

私は、恥ずかしい失敗があった時は、彼女にすぐ話します。

ピンチの最中に「今日、後でこれ言おう。これはおいしい」と笑うことができます。

それは体験でしかできないことです。

いつまでも心の中にしこりとなって残るほうがダメージは大きいのです。

心を開いている相手がいれば、ピンチを心の中に閉じ込めないですみます。
失敗したこと自体は、忘れられればダメージになりません。

女に学ぶビジネスの法則

41 くじけそうな時は、くじけそうな自分を笑いのネタにしよう。

42

女は、おなかがすいている時には、決断しない。

おなかがすいている時は元気がなくなります。

テンションも下がっています。

女は、決断する前にとりあえず何か食べます。

男は、決断してから食べようとします。

おなかがすいている時の決断は間違っています。

おなかがすいている時とおなかが満たされている時の決断は違います。

それは、余裕があるかないかです。

余裕のない時の決断は間違うか、決断ができません。

別れ話になっても、おなかがすいている時の判断は間違っていると考えて、まずごはんを食べることです。

そうしたら、別れる別れないという話ではなかったことに気がつきます。

女に決断を迫られたら、彼女を誘ってごはんを食べるのが一番いいのです。

決断する時は一人になって、ごはんも食べずに考え込みます。

おなかがすいている時は、頭の中のブドウ糖が足りません。

女を口説くのに、ごはんも食べないでエッチしようと言っても、そんな決断はできません。

そういうことはごはんを食べてから考えればいいのです。

彼女が怒っている時は、おなかがすいているのだと思うぐらいでいいのです。

犬だっておなかがすいたら、機嫌が悪くなったり、テンションが下がります。

おなかがすいてワアワア吠えるか、テンションが下がっているか、どちらかです。

まずおなかがすいているのかもしれないと心配してあげることです。

犬も子供も女性も上司も同じです。

自殺しようかと考える時には、まずごはんを食べます。

自殺しようと考える人は食欲がないので食べていません。

そうすると、死ぬしかないというほうへ行ってしまいます。

死ぬ前においしいものでも食べて死のうと思って食べたら、別の考えも浮かびます。

最後にエッチでもしておこうと思ってしたら、なんで死のうと考えていたのかなと思い直すようになります。

女に学ぶビジネスの法則

42

迷ったら、まずおいしいものを食べてから決めよう。

43 男は、匿名を信じる。女は、署名を信じる。

男は、組織を信じます。

女は、個人を信じます。

これも男が大きさ至上主義であることにかかわっています。

誰であるかよりも、大きい組織・信頼性のある組織・権威のある組織であるかということのほうを重要視します。

女は、どの組織か、その組織の規模がどれぐらいかということよりも、誰がそれを言っているのか、誰がやったのかということを重要視します。

それだけ一人の人間に発信源を求めます。

そこに信用する、しないの基準を置いています。

どんなに組織が大きくても、知らない人の言うこと、誰だかわからない人の話は信じません。

世の中全体が発信源を求める方向に向かっています。

権威のある組織の発表する意見より、個人の発する意見のほうが大切です。

たとえメーカー品でなくても、「この商品、いいんじゃないの？」とラジオのパーソナリティーが言ったら、リスナーはその商品を買います。

しかも、ラジオショッピングは品物が見えません。

それでも、そのパーソナリティーがいいと思ったら、そのパーソナリティーを信じて買うのです。

女に学ぶ
ビジネスの
法則

43

権威にだまされないようにしよう。

44

女は厳しい現実の中でも夢を持ち続けられる。

「女のほうが現実的で、男のほうがロマンチストだ」とよく言われます。

でも、実際は、オヤジのほうが妙に現実的です。

夢と現実の両方あればいいのに、オヤジの現実性は夢がなくて、現実のみです。

それではつらい現実だけになってしまいます。

女にとっての現実は、実感です。

現実感と実感とは、根本的に違うのです。

現実感に夢が伴うと、それは実感に変わってきます。

大きな夢でも小さな夢でもいいから、必ずそこに夢・ロマン・ファンタジーがつながっていると、目の前のつらい現実がつらいだけではなくなるのです。

たとえばボウリングで言えば「うまくなりたい、強くなりたい」と思ってコツコツ練習していると、ある時、回転がすごくいい感じの球が、1球、投げられる時があります。

その時はまだ点数は決してよくはなりません。

でも、つらい現実の中に、何かちらっと一瞬光が見えたようなもので、うれしくなってきます。

うまくなりたいとか、強くなりたいという夢があるから、点数はどんなに低くても、それがうれしい感じにつながっていくのです。

ところが、オヤジは、「点数が上がっても、まだまだだ」みたいな見方をします。

点数が上がるとか、結果が出てくるのは、その後からの問題です。

まず実感のほうが現実に先行するのです。

実感というのは主観的ですから、第三者にはなかなか理解できません。

これは、本人にしかわかりません。

厳しい現実の中で、砂漠の真ん中でも女性のほうが強く生きられるのは、女のほうが厳しい現実に夢をつないで、先行した現実感を持てるからです。

女に学ぶ
ビジネスの
法則

44

厳しい現実に夢をつないで、実感に変えよう。

第7章 女は、稼ぐだけの男を信用しない。

――お金は使えば使うほど、豊かになる

45

楽しみながら稼いでいる男が、モテる。

男には、3通りがあります。
①ただ稼いでいる男。
②ただ楽しんでいる男。
③楽しみながら稼いでいる男。
①のただ稼いでいるだけの男は、モテません。
一方、フリーターに代表されるように、②のただ楽しんでいる男もモテません。
本当にモテるのは、③のちゃんと楽しみながら稼いでもいる男です。
楽しんでいて稼げないという人は、ただブラブラしているだけです。
生命力がないのです。
ただ稼いでいるだけの人も余裕がないので、悲惨なだけです。

「あの人は遊びのような仕事をやっているよね」と言われながらも、きちんと稼いでいる人は、その裏側で、ちゃんと稼ぎにつながるような努力をしているのです。

ごはんが食べていけることが、本当のプロではありません。

ただ楽しんでいるだけなら、アマチュアです。それは、ただの趣味にすぎません。

楽しみながら、しかもそれで食べていけるのが本当のプロです。

タイガー・ウッズでも、イチロー選手でも、ゴルフや野球を楽しみながら、ちゃんと稼いでいるのです。

女は、悲壮感あふれる顔をして稼いでいる人を「いいな」とは思いません。

女に学ぶ
ビジネスの
法則

45

楽しみながら、稼ごう。

46

男は、負けたことがないことを自慢する。それが敗因であることに、気づいていない。

負けたことがない男は、チャレンジしていないのです。

こういう人は、失敗談を語れません。

自慢話ばかりします。

人生において負けたことがないということは、最大の敗因です。

人生を豊かにできるかどうかは、あなたがどれだけ負けたかで決まります。

それは、どれだけチャレンジしたか、どれだけフラれたかということです。

それが、豊かということです。

お金持ちと豊かさは違います。

お金持ちは、どれだけ勝ったかということです。

豊かさは、どれだけお金を使い切ったかということです。

物理的にお金持ちな人よりも、精神的に豊かな人のほうがモテます。
成功してお金持ちになっても、決してそれだけでは豊かにはなれません。
男は物理的なところへ行きがちですが、女は違います。
その人がお金持ちかどうかということよりは、豊かな人かどうかを見ています。
お金持ちか、貧乏かではなく、豊かか、貧しいかを見ます。
貧しいというのは、金銭的に貧しいのではなく、貧乏性ということです。
お金持ちだけれどもケチな人は、貧乏性なのです。

女に学ぶビジネスの法則

46

負けることで、精神的に豊かになろう。

男は、負けたことがないことを自慢する。それが敗因であることに、気づいていない。

47

男は、銀行の預金を自分のお金と考える。女は、財布の中を自分のお金と考える。

お金に対しての実感が男と女とでは違います。

男は預金通帳で考えます。

銀行の預金にこれだけのお金があると思うと、お金持ちになったと実感します。

でも、女は財布にいくら入っているかで考えます。

財布に入っているお金は、今使えるお金です。

銀行の定期預金に入っているお金は、使えないお金です。

定期がいくらある、土地をいくら持っているということより、財布の中にお金を入れて欲しいと思います。

それは強欲ではなく、今を生きるお金の使い方です。

「死んだら財産やるからな」と言われてもうれしくありません。

いつになるかわからない話より、今この財布にお金を入れて欲しいのです。

「財布にお金を入れて」という女は、入れられたお金をすぐ使います。

オヤジは財布に入っているお金が動きません。

これがケチです。

「ちょっと今細かいのないから」

そう言って、一万円札をくずすチャンスがあっても、使いません。

同じ一万円札がずっと財布にあります。

お金を持っていないわけではないのです。

銀行にはあります。

女にとっては今使えるものしか意味がありません。

それはお金・モノ・才能、すべてに関して言えることです。

今使えないお金しかないクセに、オヤジは今日エッチしなければ二度と会わないというせっぱ詰まったところへ追い込みます。

これは矛盾しています。

そんなに「今」という瞬間に生きているのなら、「今」にもっとお金を使うべきです。

ケチな人は、「今」に生きていないということです。

女に学ぶビジネスの法則

47 預金より、財布の中のお金を、自分のお金と考えよう。

48

「少年の心」と、「大人の財布」を持つ男がモテる。

少年の心を持った大人がモテるとよく言われます。
たしかに説得力はありますが、少年の心だけではダメです。
大人の財布を持っているだけでもダメです。
この二つが合体しないとダメです。
少年の心を持ちながら、ちゃんとお金も払えるということです。
少年の心で少年の財布しか持っていない大人は一番困ります。
大人の財布とは、ちゃんとお金が入っていて、そのお金を使うということです。
最悪なのは、少年の純粋な心もなく、財布だけは少年というパターンです。
高校生がお昼のパン代をもらって家を出てきたような財布ではダメです。

金額が大きい小さいにかかわらず、財布のカネは使い切ります。

財布に常にお金が入っているという状態ではいけません。

入ったら出ていくというサイクルです。

財布に100万円入っていても、入れたままではダメです。

ただの見せ金にすぎません。

少年の心は、自由でとらわれないということです。

女が一番好きなのは自由と安心です。

それが少年の心と大人の財布です。

少年の財布は不安です。

レストランに行って「ちょっと貸しておいてくれる?」と言われたらイヤです。

最もダメなのは不自由で不安です。

「あれするな。これするな」と拘束されたり、やきもちを焼かれたり、「女というものはそんなことをするべきものじゃない」と道徳を押しつけたり、枠にはめたり、「出会ったころの君のままでいてほしい」と成長も否定して、自分好みの女に育てていくのは不自由です。

女がチャレンジしようとしている時に、「万が一のことがあったらどうするんだ」と言います。

「万が一のこと」を言っていたら、何もできません。

自由でいられるように背中を押してあげる精神的なアドバイスが必要です。

不自由にするアドバイスではダメです。

「○○しようと思うんだけど」と相談された時には「いいんじゃない？」と言ってあげます。

今度は、安心側の大人の財布として金銭的な援助をしてあげる、誰か人を紹介してあげる、調べてあげる、聞いてあげることです。

これも大人の財布の一つです。

大人の財布の中には、お金だけではなく、その人の経験・知恵・知識・人脈というデータベースが全部入っています。

大人の財布があっても、少年の心がなければダメです。

どちらか片方ではダメというのは、若い人とつきあえばいいのか、年上の人とつきあえばいいのかという議論ではありません。

両方がないとダメです。

両方ともないのは最悪で、それがオヤジです。

精神的には拘束しながら、物理的にはなんの支えもしない人です。

若い男でも女から学ばないと、おのずとそうなります。

女は少女の心で大人の財布を持っています。

少女の自由な感性に大人の財布をつぎ込めます。

女に学ぶ
ビジネスの
法則

48
「少年の心」と「大人の財布」を持とう。

49

女を幸せにすることで、男は幸せになれる。

オヤジは役に立つ使い方はできますが、ムダ使いができません。
ムダ使いをしないと、お金に対しての執着心が取り払われません。
女は男にムダ使いをさせることです。
本人が使えなければ、女がかわりに使ってあげればいいのです。
ガマンしたら、よけいに使わない方向へ向かいます。
お金は使い始めると使いますが、使わないとどんどん使わなくなります。
使わないとますますお金に執着します。
お金に執着し始めると、お金は増えません。
お金持ちはお金に執着心がありません。
お互いが自分に投資できるようにお金を使えばいいのです。

男がお金を使えるようにするためには、女がお金をバンバン男に使わせることです。

男は、彼女にこんなに使っているのに自分がガマンするのもヘンだと思います。

爪に火をともすようなことをやっているのがバカらしくなり、自分も使うようになります。

そうすると、お金に対する執着心がなくなります。

お金離れがよくなると、お金が入ってくるようになります。

自分のためにお金を使うことも大切ですが、女に対してお金を使うと絶対運が強くなります。

その男は伸びていきます。

少年というのは、ムダ使いするものです。

ムダ使いの中で、少年の心を思い出します。

子供のころは、ムダ使いが楽しいのです。

ムダ使いしてはいけないと言っていると、つまらないオヤジになってしまいます。

「なんでこんな高いモノを買っているのかな？」ということが自由な心をつくります。

自由とは、みんなと違う価値観を持つことです。

みんなの価値観で、「こんなモノにお金を使うのはバカだ」と思うと、少年の自由さは生まれてこないのです。

好きな女が幸せなら、男も必ず幸せになれます。

女に学ぶ
ビジネスの
法則

49

そばにいる女を幸せにすることで、
自分も幸せになろう。

50 買い物で、仕事や人生を学ぶ。

これからは家事・育児は男のモノになります。

仕事は女のモノになっていきます。

家事・育児の中に仕事の発想を持ち込み、仕事の中に家事・育児の発想を持ち込むようになります。

大阪では商売は母親の仕事です。

父親は、商店街の人たちや組合のおつきあい、子供の教育・育児、家事をやります。

私の実家は商売をしていましたから、両親は家事も分担していました。

掃除・洗濯は母親、食事・買い物は父親の仕事でした。

大阪では女性が商売をしているので、母親はそれだけ忙しいのです。

大阪は、昔から女が働く社会でした。

父親型の家事・育児の仕方は母親と違います。

私の父親は買い物が好きで、いつも冷蔵庫をパンパンに詰めておきます。いろいろな料理のアイデアが浮かぶので食材を買っておきたいのです。

小学生の私と妹を連れて買い物に行くと、ショッピングカートを押しながら、「なんぼや?」と聞きます。

ショッピングカート1個分の合計金額は見ていません。

「見てなかった」

「いや、見ていなくてもここで概算しろ。一番近かったら小遣いをやる」と言うのです。

私、妹、父親の順に金額を言います。

レジで結果が出ます。

そうすると、父親がズバ抜けて一番近い金額でした。

計算したのではなく、パッと見て、これはいくらぐらいと把握する能力を養う教育です。

ただ買い物に行くだけではなく、ショッピングカート1個の買い物がいくらか、概算で一瞬に出せないと、将来商売人として生きていけないという教えです。

何回もやると、だんだん近づいてくるようになります。

1個1個足して暗算がうまくなることではありません。

パッと一瞬で見て、いくらぐらいと概算できる能力です。

大阪ではこういう教育をします。

女に学ぶビジネスの法則

50

買い物につきあうことで、仕事を学ぼう。

51

女は、仕事に関係のない本を読んで、仕事に関係のない話ができる。

男は、合コンへ行っても、仕事の話しかできません。
プライベートでごはんを食べに行ってもです。
仕事の話をして、「どうだ、おれはこんなにすごいんだ」と見せようとします。
でも、女は、それをなんとも思っていません。
それどころか、「この男はなんで仕事の話しかできないんだろう」と、軽蔑《けいべつ》します。
仕事ができるのも、もちろん大事なことです。
でも、仕事以外の話もできないと、奥行きのない人だなと思われます。
仕事ができるかどうかは、その人の行動でわかります。
意外な趣味があったりすると、女は「この人はどんな人なんだろう」と興味を持つのです。
一見仕事のできそうにない人なら仕事の話をしてもいいのです。
でも、仕事のできる自信があったら、仕事の話をしないことです。
話をすればするほど、そのことに対して自信がないのだと思われます。
自分の得意なことの話をしてはいけません。
得意に見られようとしてもいけません。
不得意でも好きなモノの話がどれだけできるかが決め手です。

女に学ぶビジネスの法則

51

仕事に関係のない本を読もう。

52

男は、仕事に投資し、女は、遊びに投資する。

男が自分に投資をする時、だいたい仕事にまつわる投資をします。

語学を習いに行くとか、資格を取るとか、などです。

でも、女は遊びに投資します。

これは、男女の差がくっきりとついています。

仕事をしている人間が、いくらその仕事にまつわることに投資をしても、幅は広がりません。

それは投資ではありません。

投資とは、それが役に立つか立たないかというところにするものです。

一見役に立ちそうにないものに授業料を払うことが、本当の意味での投資です。

逆に女は、仕事と離れた遊びにどんどん投資ができます。

でも、そこで得たものが、ちゃんと仕事にフィードバックしてくるのです。

男と女では、その距離感が違います。

男でも女でも、自分に投資しているという人はいますが、投資している対象が違うのです。

男は、利害関係だけで生きているので、すぐに「それでどういうメリットがあるの？」と考えます。

女は、どういうメリットがあるかなどとは考えません。

どれだけ楽しいか、どれだけ面白いか、どれだけドキドキするかというところに投資するのです。

プレゼント一つするにしても、男性は役に立つモノをプレゼントしようとします。

「これをあげれば自分のことを好きになってくれるだろう」と、自分に役に立つ発想をする人は、モテません。

これは、「プレゼントをあげるかわりに、やらせてくれる?」と言っているのと同じです。

それよりは、相手が楽しめるモノを選ぶほうが大切です。

女に学ぶビジネスの法則

52

遊びにも、投資して勉強しよう。

第8章

女は、男の価値を試す。

――どんな難題にも、一つひとつ答えていこう

53 次の朝、仕事が朝早い時にこそ、デートできる男がモテる。

いい女の誘いは、必ず、次の日の朝が早い時です。

「明日、朝早くから仕事だから、今度、次の日が休みの時にね」

という男は、モテません。

次の日が、休みでなければ、デートもできないような男は、仕事もできません。

モテる男は、朝までデートして、そのまま仕事に走っていける男です。

女のほうが、朝早い場合は、どうでしょう。

「明日、朝が早いから……」

と彼女が言いました。

その言葉を真に受けて、

「じゃあ、いつだったら大丈夫そう？」

と、引き下がるような男は、女をガッカリさせます。

女は、そういうみせかけの優しさに、感動しません。

この男は、どうせエッチしても「次の日の仕事に差し支《つか》えるから、一日1回までね」と寝てしまう男と判断されてしまいます。

「明日の朝、早いから」

と、言っても、

「ちょうどよかった。朝まで、一緒にいよう」

と、答える男に、生命力を感じます。

どんな状況でも、「ちょうど、よかった」なのです。

「明日、朝早いけど、さぼっちゃえばいいさ」

という男は、またモテません。

女のための発言であるにもかかわらず、そんな仕事をおろそかにする男には、魅力を感じないのです。

「私をとるの、仕事をとるの？」

と聞かれて、「君をとる」と答えた男は、仕事がいいかげんな男と見下されてしまうのです。

もちろん、「仕事をとる」と言われても、嫌なのです。

女は、男には、仕事も、恋も、バリバリやって欲しいのです。

女に学ぶビジネスの法則

53

翌朝仕事が早い時こそ、デートしよう。

54

美人に騒がれるのは、男子の本望だ。

モテる男は、女に騒がれることを、恐れません。
モテない男は、騒がれることを、最も恐れます。
そのくせ、こっそりセクハラなんてしてしまうのです。
女は、騒ぐことが嫌いなのではありません。
騒ぐことで、男がビクビクすることが、嫌いなのです。
女の求めることは、2つです。
①騒がずにはいられないこと。
②それでも、男がびくともしないこと。
騒ぎが起こらないようでは、恋ではありません。
騒ぎこそが、恋なのです。
いい女は、強引が嫌いではありません。

強引にされるのも、好きです。

強引にするのも、好きです。

「大きな声、出すわよ」

そう言われると、ほとんどの男は、くじけます。

でも、こう言うのです。

「美人に騒がれるのは、男子の本望」

第1次テスト、合格。

彼女は、まだテストを続けます。

「恥ずかしくないの？」

「君と知り合うためなら」

第2次テスト、合格。

いい女のテストは、厳しい。

なぜなら、いい女は、忙しいからです。

言い寄ってくるすべての男とつきあっているヒマはないのです。

でも、いい女も、すべての男をこばむわけではありません。
すべての男をこばむなら、へなちょこちゃんでもできる。
いい女は、厳しいテストをくぐりぬけた男を、高く評価をします。
いい女のテストをくぐりぬけることこそ、男の修行なのです。

女に学ぶビジネスの法則

54

騒がれることを、恐れない。

55

女の扱いがうまい男ほど、ゴルフがうまい。

スポーツのコツには、３原則があります。
ゴルフもボウリングも同じです。
①繊細に。
②心地よく。
③リラックスして。
女性のつきあい方と同じです。
これは、女性の仕事の仕方でもあります。
そういう女性とつきあえる男は、スポーツも仕事もできます。
繊細に・心地よく・リラックスしてというのは、簡単なようで難しいことです。

力を入れたり、一生懸命やるのは簡単です。

「力を込めて」

「思いっきり」

「一生懸命」

「頑張る」

「死ぬ気で」

こういう言葉は必要ありません。

「心地よく」というのは、自分が楽しんでやれているかどうかです。

「リラックスして」というのは力まず、結果を気にしていないということです。

掃除の仕方も同じです。

掃除は力でやるものではありません。

繊細さも必要です。

つらそうな顔でディズニーランドのトイレを掃除されていたら、せっかく来たのに急に現実を見たような気がしてイヤになります。

トイレを掃除する時も、楽しそうにやるほうがいいのです。

女に学ぶビジネスの法則

55

繊細に、心地よく、リラックスして。

56

モテる男は、朝顔を育てるのがうまい。

朝顔を育てるコツは、２つあります。

①水をやりすぎないこと。

②掘り返さないこと。

この２点がいちばん難しいのです。

「朝顔キット」というものを見つけました。

今の朝顔キットはよくできています。土のかわりにセラミックを使っていて、セラミックの筒の外側に根が巻きついていく形になっています。セラミックの底に水がついていて、水のやりすぎも防げます。

昔、私と妹は朝顔を育てたことがありました。

種を植え、その上に土をかぶせ、水をやります。

最初の芽が出てくるまで辛抱します。

ここがつらいところです。

これは、子供にとっていいトレーニングになります。

朝顔は双葉が開いた後は成長が速いです。

一番時間がかかるのは、土の中から芽が出るところまでです。

土のつぶを乗せたまま持ち上がってきます。

妹のほうが早く芽が出ました。

おかしい、一生懸命やっているはずなのにと心配になります。

子供にとって2歳下の妹に先を越されると、兄のメンツが丸つぶれです。

ここで失敗するのです。

一つは、ひょっとしたら水が足りなかったのかもしれないと思い、水をかけすぎます。

もう一つは、ひょっとしたら中でうまくいっていないのかもしれないと掘り返してしまうのです。

掘り返すと根が切れてしまいます。

今の朝顔キットの安心なところは、その二つの失敗を防げることです。

セラミックは一定の量の水しか上がらないので、水をやりすぎることはありません。

土の中の状態が見えるので、根が伸びていることも確認できます。

私は失敗したことで、水をやりすぎてはいけない、土を掘り返してはいけないということを学びました。

結局ダメにしたのは、その種を信じられず、待てなかった自分です。

これは恋愛でも言えます。

ほとんどの男が掘り返したり、水をやりすぎます。

恋愛は必ず、芽が出るより根が先に伸びます。

男はあせって、早く芽を出せと思います。

根を伸ばす時間をつくりません。

全然土から出てこないと、あせって、どうなっているのか掘り返してしまいます。

あせって、まだかまだかと迫りすぎると、相手はよけいに怖くなって引いてしまいます。

仕事も同じです。

どんな仕事でも、種はまず根から伸びます。

根が先に伸びてから芽が出ます。

せっかく根が伸びているのに、もうダメだと決めて根を切ると台なしになります。

料理もそうです。

飯ごうでごはんを炊く時は、ふたを取ったらいけないところで踏ん張ります。

気になって鍋のふたをちょこちょこあけている人は料理が上達しません。

魚を焼く時も同じです。

今は、上から焼け具合の見えるオーブンが出てきたのでよくなりました。

途中で出したらアウトです。

料理は温度差をつくってはいけません。
焼く時にはさっと焼きます。
熱くなったり冷たくなったりすると、ムラになり、味が変質してしまいます。
焼肉も、焼きながら裏返すのは1回までです。
せっかちな人はさんざん裏返します。
熱くなったり冷たくなったりすると、冷たくなった部分で脂が固まってしまいます。
料理のうまい人ほど、じっくり待てます。

女に学ぶビジネスの法則

56

根が伸びる時間を、待とう。

57

モテない男は、野球場のファウルボールをキャッチする。

野球場の客席で、ファウルボールをナイスキャッチして、拍手喝采《かっさい》になる瞬間があります。

モテない男は、ファウルボールが飛んできた時、自分がとって拍手喝采を浴びます。

モテる男は、ちゃんと子供にとらせます。

まわりに子供がいるとわかることが大切です。

これは女の目です。

せっかく子供がとろうとしているのに、大人がとったらかわいそうです。

要するに、手柄は部下にとらせるということです。

女は、まわりにいるのはすべて子供だという軸を持つことができます。

部下も自分の子供だと考えたら、手柄は部下にとらせてあげようと思います。
ファウルボールを子供がとったら本人もうれしい。
まわりからも拍手喝采になります。
そこでボールをとる大人は、子供に対しての愛情が欠落しています。
子供の夢を育ててあげるという発想は女のほうがはるかに強いです。
子供の喜びを自分の喜びと感じられるのです。
だから、自分がとれるとしても、子供にとらせてあげます。
子供が一生懸命とろうとして、もう少しでとれるのに大人がとってはいけません。
部下の手柄を横取りする上司は最悪です。
上司の手柄であっても、その手柄を部下に譲るのが女から学べる男です。
子供が今何に向かって頑張ろうとしているかを察することが大切です。
女は常に自分と子供という目線を持つことができます。
男は、敵に襲われないように、それよりももっと外側を見なくてはいけませんん。

不思議なことに、人間の男は自分だけに関心がいきます。

そうすると、女よりも視野が狭くなります。

ファウルボールを自分がとろうとするのは、とろうとしている子供に目がいっていないのです。

「今、子供がとろうとしたのにあのオヤジが取りやがった、ガッツポーズしているよ。恥ずかしい」

そう、まわりは見ます。

野球ファンの風上にもおけません。

子供に何を教えに来たのかと思います。

一歩間違うと自分がそうしていないか反省をすることです。

ファウルボールが飛んできた時にボールに夢中になると、今それをとろうとしている子供の存在に気づけません。

年齢は関係ありません。

今自分のまわりで頑張ろうとしている人の存在に気づくことです。
その人が頑張ったことに対しての評価もできるようになります。
あなたが部下だった場合には、上司に手柄をとらせてあげることです。
そんなことは損だと思ってはいけません。
ケチな男には、女も仕事もついてきません。
神様もチャンスをくれません。

女に学ぶビジネスの法則

57 手柄は、頑張ったスタッフにあげよう。

58 女の出した結果をちゃんと認めて、ほめてあげる。

モテる男は、ごはんをごちそうしたり、プレゼントをする人ではなくて、相手にヤル気を出させてくれる人です。

オヤジは、女のヤル気をそいでしまいます。

「そんなに甘くないぞ」と説教することで、自分の優位性を保とうとします。

これはリーダーとスタッフの関係でも同じですが、ヤル気を出させるためには、まず結果を出すことです。

小さなことでもいいから、結果を出すことです。

そこで結果を出させてあげる仕組みをつくることです。

自分も結果をつくっていくことです。

たとえば小さな約束でも守ることができたら、それも大きな結果です。

小さな約束を守れたということは、約束は共同作業ですから、実感が持てるわけです。

小さな約束を二つ守れたら、二つも約束が実行できたのです。

そうすると、もっと約束を守るために頑張ろうとか、もっと約束をしようという気持ちになっていきます。

サッカーでずっと負けているチームが強くなるには、一試合でも勝つことです。

一回勝てば、「オレたちだって勝てるじゃないか」と頑張れるのです。

弱いチームはその一つがまず勝てないのです。

一つの勝ち方にもこだわりすぎます。

誰も痛みを伴わずに勝とうとするのです。

だから、結果が出ないのです。

結果が出なければ、いくら練習しても、ますます「どうせダメだ」ということになります。

一瞬の痛みを伴っても結果が出れば、あとは「結果オーライで行けるじゃん」と、ヤル気がわいてきます。

女性は、自分の出している結果に、気づいていないこともあります。

「あんなこともやりたいし、こんなこともやりたい」と先へ気持ちがいっていると、「まだあれもできていない、これもできていない」という気持ちになります。

「でも、君は、こういうのも、ああいうのもできている。それだけでもすごいことじゃない？」という形で、出ている結果を評価してあげることです。

プロセスを細かく刻んでいったら、それぞれが小さな結果の集まりです。

そういう小さな結果を出させてあげることです。

それを認めて、ほめてあげることです。

人間に勇気を出させるのは、ディテールの部分です。

相手からそういう小さな結果を出させてもらったり、小さな約束をコツコツ守ってもらうことを、大きなプレゼントを買ってもらうことよりも女性は大切にします。

女の中では、ダイヤモンドの指輪を買ってもらうのと、ウーロン茶を買ってきてもらうことの間に、あまり差はありません。

そこに差を感じているのは男だけです。

ダイヤモンドの指輪を買ってくる男に限って、「ウーロン茶ぐらい自分で買ってこいよ、まったく」ということになりがちです。

でも、ウーロン茶を買ってくる時に、今は温《あたた》かいウーロン茶なのか、冷たいウーロン茶なのかを考えられることのほうがより大切です。

これはサービスと同じですから、夏は冷たくて、冬は温かいとも限りません。

今の相手の気分はどうなのかを常に考えながら選ぶことが大切なのです。

女に学ぶビジネスの法則

58

小さな成功を、ほめてあげよう。

女の出した結果をちゃんと認めて、ほめてあげる。

59

モテる男は、恋人を育て、恋人に育てられる。

モテない男は、説教をして自分の型にはめようとします。

説教は教育ではありません。

伸びていこうとするのを抑えるのが説教です。

伸びていくのを進めてあげるのが本当の教育であり、アドバイスです。

ところが、説教は、伸びてきたものを「そんなことではダメだ」と抑え込んで、一つの型に固めてしまいます。

だから、説教をする人はモテないのです。

「3年前、あなたとつきあい、同じことを言われて私は反論したけれど、あのころは意味がわからなかったから逆ギレしていた。今はそう思えるようになってうれしい」、これがモテる人とつきあっているうれしさです。

女は、自分を成長させてくれるこういう男とつきあいたいと思うことです。

男も、彼女を育てているだけではなく、彼女を育てながら自分も育ててもらっているという意識を持つことです。

常に、自分も相手に育ててもらっているという意識を持てる人が、すぐれた先生、コーチ、リーダーです。

お互いが一方的でない関係を持てるのが最もいい関係です。

生徒から学べる先生は、すばらしい生徒を育てることのできる先生です。

女に学ぶビジネスの法則

59 恋人を育て、恋人に育てられよう。

60

エピローグ

男は、仕事を終えて、プレゼントを探しに行く。女は、お客様へのプレゼントとして仕事をする。

男は、仕事とプレゼントを別々に考えます。

仕事は仕事、プレゼントはプレゼントなのです。

プレゼントは手段にすぎないと思っているのです。

男は、自分の取引先にお中元やお歳暮をする感覚なのです。

仕事は仕事でしておいて、「接待ゴルフへ行きませんか」とか、「お中元、お歳暮で高級なモノを送っておきます」という発想です。

でも、女は仕事自体をプレゼント化できます。

お客様へのプレゼントのつもりで仕事をします。

仕事に愛を込めているのです。

たとえば、靴でもかばんでも、お客様へモノを売った時に、それとは別に、何か別の接待をしようとは考えません。

お客様に靴やかばんを売ること自体をプレゼント化しようと考えるのです。

思いを込めたひと言のカードを添えることもできるし、メンテナンスのアドバイスや使い方のアドバイスをしてあげることもあるのです。

これが本当のプレゼントです。

ただ梅干しを送るのではなく、この梅干しは何に効いて、どういう食べ方がいいというひと言を添えるのです。

モノだけではプレゼントになりません。

モノに思いがのって初めてプレゼントになるのです。

仕事もそうです。

仕事をプレゼントにしようと思ったら、そこに思いをのせていかなければいけません。

モノにモノのおまけをつけても、それはプレゼントにはなりません。

なにかの商品を買うと、それと全然関係のないモノをくれる時があります。
全然関係のないプレゼントは、本当のおまけです。
それを買ったら、次に確実にいるであろうモノをくれるならば、わかります。
必ず必要になるモノをプレゼントしてあげることが大切です。
プレゼントは、モノではありません。
女性のためにする行動すべてが、プレゼントなのです。

女に学ぶ
ビジネスの
法則

60

お客様へのプレゼントのつもりで、サービスしよう。

本作品は二〇〇二年一二月に当社より刊行されました。

DVD『講師の達人 特別講義 (1)「つかみ力」』
DVD『人生の素晴らしさに気づく・中谷彰宏講演会』

CD『中谷彰宏&佳川奈未　スペシャルトーク
恋愛スピリットの法則』(コミュニケーションデザイン)
DVD『気づきが、人を元気にする。』(ウエスタンムーブ)
『お掃除デトックス』【オーディオブック】(ことのは出版)
CD『運を味方にする7つの方法』(ザ・シチズンズ・カレッジ)
DVD『運を拓く7つの方法』(にんげんクラブ事務局)
CD『運を拓く7つの方法』(にんげんクラブ事務局)
『「出る杭」な君の活かしかた』(明日香出版社)
CD『中谷彰宏&佳川奈未スペシャルトークCD
サクセス・スピリットの法則』(コミュニケーションデザイン)
『ボウリング場が、学校だった。』【新書】
(ベースボール・マガジン社)
『ハートフルセックス』【新書】(ロングセラーズ)
『目力の鍛え方』(ソーテック社)
『お掃除デトックス』(ビジネス社)
『大人の教科書』(きこ書房)
『恋愛天使』(メディエイション・飛鳥新社)
『魔法使いが教えてくれる結婚する人に贈る言葉』(グラフ社)
『魔法使いが教えてくれる愛されるメール』(グラフ社)
『和田一夫さんに「元気な人生」を教えてもらう』(中経出版)
『壁に当たるのは気モチイイ　人生もエッチも』(サンクチュアリ出版)
『キスに始まり、キスに終わる。』(KKロングセラーズ)
『カッコイイ女の条件』(総合法令出版)
『恋愛女王』(総合法令出版)
『本当の生きる力をつける本』(幻冬舎)
『あなたが変わる自分アピール術』(幻冬舎)
『遊び上手が成功する』(廣済堂文庫)
『元気な心と体で成功をよびこむ』(廣済堂文庫)
『成功する人しない人』(廣済堂文庫)
『女々しい男で　いいじゃないか』(メディアファクトリー)
『なぜあの人はタフなのか』(東洋経済新報社)
『なぜあの人は強いのか』(東洋経済新報社)
書画集『会う人みんな神さま』(DHC)
ポストカード『会う人みんな神さま』(DHC)
『自分がブランドになる』(PARCO出版)
『なぜあの人には気品があるのか』(徳間書店)
『抱擁力』(経済界)
『贅沢なキスをしよう。』(文芸社)
『SHIHOスタイル』(ソニー・マガジンズ)
『「お金と才能」がない人ほど、成功する52の方法』(リヨン社)
『「お金持ちの時間術」』(リヨン社)
『ツキを呼ぶ53の方法』(リヨン社)

〈面接の達人〉(ダイヤモンド社)
『面接の達人　バイブル版』
『面接の達人　自己分析・エントリーシート編』
『面接の達人　就活マナー編』
『面接の達人　問題集男子編』
『面接の達人　問題集女子編』
『面接の達人　転職版』
『面接の達人　転職実例集』

〈小説〉
『いい女だからワルを愛する』(青春出版社)

【ぜんにち出版】
『ワルの作法』
『モテるオヤジの作法２』
『かわいげのある女』
『モテるオヤジの作法』

【イースト・プレス】
『「男を口説ける男」が、女にモテる。』
『安倍晴明に学ぶ33の魔術』
『だから好き、なのに愛してる。』
『気がついたら、してた。』

【ファーストプレス】
『運とチャンスは「アウェイ」にある』

【阪急コミュニケーションズ】
『いい男をつかまえる恋愛会話力』
『サクセス&ハッピーになる50の方法』
『子供を自立させる55の方法』

【主婦の友社】
『３分でオーラが出た～紳士編～』
『３分でオーラが出た～淑女編～』
『運に愛されるトライ美人』
『「黄金の女性」になるマジック・ノート』
『ハッピーな女性の「恋愛力」』
『なぜあの人には、センスがあるのか。』

【ゴマブックス】
『成功する人の一見、運に見える小さな工夫』
『夢を実現するために、今すぐできる50のこと』
『「つり橋が、落ちないように、渡ろう。」』
『「あれ、なんで泣いてたんだっけ?」』
『「一生懸命、適当に。」』
『「幸運は、君が運んでくる。」』
『「いい男といると、元気になれる。」』
『「直球ですが、好きです。」』
『「ノー・プロブレムです。」』
『「最近、何かムチャなコトした?」』
『「トイレで笑ってる、君が好き。」』
『「人生の袋とじ」を開けよう。』
『「特別な人が、君を待っている。」』
『君は、夢の通りに歩いていける。」』

【しごとの自習室/リブラ・エージェンシー】
DVD『中谷彰宏 運を味方にする７つの方法』[レンタル版]
DVD『中谷彰宏 幸せなお金持ちになる７つの方法』
CD『中谷彰宏の映画塾１』
CD『中谷彰宏の旅行塾』
CD『月刊・中谷彰宏』
CD『別冊・中谷彰宏』
CD『寝る前にする７つの小さな習慣』
CD『お金がついてくる７つの小さな習慣』
CD『30代の出会いが自分を磨く
―中谷彰宏が30代で出会った人々』
CD『イマジネーションで、コミュニケーション』
CD『よし! 明日からリーダー孝行しよう!』
CD『カッコいい大人の街、ナポリを歩く』

【私には夢がある】
DVD『弱くてちっぽけな自分を認めてあげよう』
DVD『夢予備校第１期・自信を持って、自分ブランドを作ろう』
DVD『夢予備校in大阪(1)自分が何をしたいのかが
わからなくなった時が、チャンス。』
DVD『夢予備校特進クラス』

【Visionet/アヴァンティ】
CD『中谷彰宏ライブ/お金持ちになる人のお金の儲け方、使い方』
CD『中谷彰宏ライブ/仕事・恋愛・ライフスタイル
～出来る女になる７つの方法～』
CD『BIG interview 中谷彰宏の成功学　人生を豊かにする５つの力』
CD『中谷彰宏ライブ　90分でわかる億万長者の法則』
CD『中谷彰宏の成功学～もっと成功するためのあと３つの力』

【オンリー・ハーツ】
DVD『中谷彰宏のお金持ちになる人の恋愛術』(レンタル版)
DVD『中谷彰宏のお金持ちになる人の金銭術』(レンタル版)

【フィールアライブ】
DVD『講師の達人 特別講義 (6)「発問力・自立促進力」』
DVD『講師の達人 特別講義 (5)「時間空間マネジメント力」』
DVD『講師の達人 特別講義 (4)「メリハリ力」』
DVD『講師の達人 特別講義 (3)「感知力」』
DVD『講師の達人 特別講義 (2)「構成力」』

『泥棒がねらう家　泥棒が避ける家』
『スピード自己実現』
『スピード開運術』
『破壊から始めよう』
『失敗を楽しもう』
『20代自分らしく生きる45の方法』
『ケンカに勝つ60の方法』
『受験の達人』
『お金は使えば使うほど増える』
『自分のためにもっとお金を使おう』
『ピンチを楽しもう』
『本当の自分に出会える101の言葉』
『大人になる前にしなければならない50のこと』
『自分で思うほどダメじゃない』
『人を許すことで人は許される』
『人は短所で愛される』
『会社で教えてくれない50のこと』
『学校で教えてくれない50のこと』
『あなたは人生に愛されている』
『あなたの出会いはすべて正しい』
『大学時代しなければならない50のこと』
『大学時代出会わなければならない50人』
『昨日までの自分に別れを告げる』
『人生は成功するようにできている』
『あなたに起こることはすべて正しい』
『不器用な人ほど成功する』

【PHP研究所】
『中学時代にしておく50のこと』
『運がよくなるマナー』
『お金持ちは、お札の向きがそろっている。』
『明日いいことが起こる夜の習慣』
『何もいいことがなかった日に読む本』

【PHP文庫】
『たった３分で愛される人になる』
『たった３分で見ちがえる人になる』
『すぐに使えるマナー心理テスト』
『右脳で行動できる人が成功する』
『自分で考える人が成功する』
『人は短所で愛される』
『大人の友達を作ろう。』
『「大人の女」のマナー』
『運命を変える50の小さな習慣』
『大学時代しなければならない50のこと』
『なぜ彼女にオーラを感じるのか』

【三笠書房】
『「本気の３日間」であなたは変わる』

【三笠書房・知的生きかた文庫/王様文庫】
『金運を味方にする43の方法』
『120%人に好かれる!ハッピー・ルール』
『自分に自信をつける50のヒント』
『29歳からの「一人時間」の楽しみかた』
『25歳からの「いい女」の時間割』
『僕が君に魅かれる理由』

【説話社】
『あなたにはツキがある』
『占いで運命を変えることができる』

【大和書房】
『初めての、恋のしかた』
『「17歳力」のある人が、成功する。』
『大人の男を口説く方法』
『ちょっとした工夫で、人生は変わる。』
『１週間で「新しい自分」になる。』
『「大人の男」に愛される恋愛マナー』
『女性から口説く101の恋愛会話』
『男は女で修行する。』

【KKベストセラーズ】
『会話の達人』
『「運命の３分」で、成功する。』
『チャンスは目の前にある』
『30歳からの男の修行』
『誰も教えてくれなかった大人のルール恋愛編』
『誰も教えてくれなかった大人のルール』
『「ほめる」「あやまる」「感謝する」ですべてうまく行く』
『オンリーワンになる勉強法』
『君を、つらぬこう。』
『「眠れない夜の数」だけ君はキレイになる』
『一流の遊び人が成功する』

【しごとの自習室/リブラ・エージェンシー】
CD『中谷彰宏「女性に尊敬されるリーダーになる7つの方法」』

【Visionet/アヴァンティ】
CD『中谷彰宏が自ら自分の秘訣を語る もっと!すごい仕事術編』

【にんげんクラブ事務局】
DVD『あなたは、もっと変われる』
CD『あなたは、もっと変われる』

【船井メディア】
『ホスピタリティの極意（小山政彦対談）』
月刊CD・カセット情報マガジン「Just」07年6月号
DVD『中谷彰宏の成功ワークショップ』

【オンリー・ハーツ】
DVD『中谷彰宏の成功する人の決断術』（レンタル版）
DVD『中谷彰宏の成功する人の整理術』（レンタル版）
DVD『中谷彰宏の成功する人の人脈術』（レンタル版）
DVD『中谷彰宏の成功する人の時間術』（レンタル版）

DVD・CD『ブランドになる"とんがり"を作る7つの方法』（楽天トラベル）
DVD『講師の達人』（フィールアライブ）
CD『中谷彰宏のビジネスサプリvol.1』
DVD『就活の達人　教職編』（Cibercinema/アクティブ）

『成功する人の一見、運に見える小さな工夫』（ゴマブックス）
『オンリーワンになろう』（総合法令出版）
『転職先はわたしの会社』（サンクチュアリ出版）
『なぜあの人は楽しみながら儲かるのか』（ぶんか社）
図解『右脳を使えば、すごいスピードで本が読める。』（イースト・プレス）
マンガ『ここまでは誰でもやる』（たちばな出版）
『自分リストラ術　やりたいこと再発見』（幻冬舎）
『人を動かすコトバ』（実業之日本社）
『あと「ひとこと」の英会話』（DHC）
『デジタルマナーの達人』（小学館）
『なぜあの人は楽しみながら儲かるのか』（ぶんか社文庫）
『人脈より人望のある人が成功する』（KKベストセラーズ）
『オンリーワンになる仕事術』（KKベストセラーズ）
『サービスの達人』（東洋経済新報社）
『復活して成功する57の方法』（三一書房）
『本当の自分に出会える101の言葉』【オーディオブック】（オーディオブックジャパン）
『子どもの一生を決める46の言葉のプレゼント』（リヨン社）

〈恋愛論・人生論〉
【中谷彰宏事務所】
『ヒラメキを、即、行動に移そう。』
『徹底的に愛するから、一生続く。』
『断られた人が、夢を実現する。』
『「あげまん」になる36の方法』

【ダイヤモンド社】
『大人のマナー』
『あなたが「あなた」を超えるとき』
『中谷彰宏金言集』
『「キレない力」を作る50の方法』
『お金は、後からついてくる。』
『中谷彰宏名言集』
『30代で出会わなければならない50人』
『20代で出会わなければならない50人』
『あせらず、止まらず、退かず。』
『「人間力」で、運が開ける。』
『明日がワクワクする50の方法』
『なぜあの人は10歳若く見えるのか』
『テンションを上げる45の方法』
『大人のスピード勉強法』【軽装版】
『成功体質になる50の方法』
『運のいい人に好かれる50の方法』
『本番力を高める57の方法』
『運が開ける勉強法』
『ラスト3分に強くなる50の方法』
『できる人ほど、よく眠る』
『答えは、自分の中にある。』
『思い出した夢は、実現する。』
『習い事で生まれかわる42の方法』
『30代で差がつく50の勉強法』
『面白くなければカッコよくない』
『たった一言で生まれ変わる』
『なぜあの人は集中力があるのか』
『なぜあの人は人の心が読めるのか』
『健康になる家　病気になる家』

『30代でしなければならない50のこと』
『20代でしなければならない50のこと』
『独立するためにしなければならない50のこと』
『なぜあの人の話に納得してしまうのか』
『なぜあの人は気がきくのか』
『なぜあの人は困った人とつきあえるのか』
『なぜあの人はお客さんに好かれるのか』
『なぜあの人はいつも元気なのか』
『なぜあの人は時間を創り出せるのか』
『なぜあの人は運が強いのか』
『なぜあの人にまた会いたくなるのか』
『なぜあの人はプレッシャーに強いのか』
ビデオ『あなたに会うと元気になる』
ビデオ『出会いを大事にする人が成功する』
ビデオ『理解する人が、理解される』
ビデオ『人を動かすのではなく自分が動こう』
ビデオ『出会いに一つのムダもない』

【ファーストプレス】
『一流の常識を破る【8】「超一流」の会話術』
『一流の常識を破る【7】「超一流」の分析力』
『一流の常識を破る【6】「超一流」の構想術』
『一流の常識を破る【5】「超一流」の整理術』
『一流の常識を破る【4】「超一流」の時間術』
『一流の常識を破る【3】「超一流」の行動術』
『一流の常識を破る【2】「超一流」の勉強法』
『一流の常識を破る【1】「超一流」の仕事術』

【PHP研究所】
『【図解】「できる人」のスピード人脈術』
『オヤジにならない60のビジネスマナー』【愛蔵版】
『【図解】「できる人」のスピード整理術』
『【図解】「できる人」の10倍速い仕事術』
『【図解】決定版! 30代を最高に生きるヒント』
『明日は、もっとうまくいく。』
『【図解】「できる人」の時間活用ノート』
『[図説]入社3年目までに勝負がつく75の法則』

【PHP文庫】
『スピード整理術』
『あなたが動けば人は動く』
『成功する大人の頭の使い方』
『入社3年目までに勝負がつく77の法則』

【三笠書房】
『[最強版]あなたのお客さんになりたい』

【三笠書房・知的生きかた文庫/王様文庫】
『3分で右脳が目覚めた。』
『お金で苦労する人しない人』

【オータパブリケイションズ】
『せつないサービスを、胸きゅんサービスに変える』
『ホテルのとんがりマーケティング』
『レストラン王になろう2』
『改革王になろう』
『私をホテルに連れてって』
『サービス王になろう2』
『サービス刑事』
『レストラン王になろう』
『ホテル王になろう』

【ビジネス社】
『あなたを成功に導く「表情力」』
『幸せな大金持ち　不幸せな小金持ち』
『大金持ちになれる人　小金持ちで終わる人』
『右脳でオンリーワンになる50の方法』
『技術の鉄人　現場の達人』
『情報王』
『昨日と違う自分になる「学習力」』

【廣済堂文庫】
『逆境こそ成功のチャンス』
『諦めない人が成功する』
『マニュアルにないサービスが成功する』

【サンマーク文庫】
『時間塾』『企画塾』『情報塾』『交渉塾』
『人脈塾』『成功塾』『自分塾』

【ぜんにち出版】
『富裕層ビジネス　成功の秘訣』
『リーダーの条件』

中谷彰宏　主な著作リスト

【中谷彰宏の主な作品一覧】　2009年４月現在

〈ビジネス〉
【ダイヤモンド社】
『なぜあの人はいつもやる気があるのか』
『なぜあのリーダーに人はついていくのか』
『なぜあの人は人前で話すのがうまいのか』
『プラス１％の企画力』
『こんな上司に叱られたい。』
『フォローの達人』
『女性に尊敬されるリーダーが、成功する。』
『就活時代しなければならない50のこと』
『お客様を育てるサービス』
『あの人の下なら、「やる気」が出る。』
『なくてはならない人になる』
『人のために何ができるか』
『キャパのある人が、成功する。』
『時間をプレゼントする人が、成功する。』
『会議をなくせば、速くなる。』
『ターニングポイントに立つ君に』
『空気を読める人が、成功する。』
『整理力を高める50の方法』
『迷いを断ち切る50の方法』
『初対面で好かれる60の話し方』
『運が開ける接客術』
『バランス力のある人が、成功する。』
『映画力のある人が、成功する。』
『逆転力を高める50の方法』
『40代でしなければならない50のこと』
『最初の３年その他大勢から抜け出す50の方法』
『ドタン場に強くなる50の方法』
『いい質問は、人を動かす。』
『アイデアが止まらなくなる50の方法』
『メンタル力で逆転する50の方法』
『君はこのままでは終わらない』
『30歳までに成功する50の方法』
『なぜあの人はお金持ちになるのか』
『成功する人の話し方』
『短くて説得力のある文章の書き方』
『超高速右脳読書法』
『なぜあの人は壁を突破できるのか』
『自分力を高めるヒント』
『なぜあの人はストレスに強いのか』
『なぜあの人は部下をイキイキさせるのか』
『なぜあの人はリーダーシップがあるのか』
『なぜあの人は落ち込まないのか』
『20代で差がつく50の勉強法』
『なぜあの人は仕事が速いのか』
『スピード問題解決』
『スピード危機管理』
『スピード決断術』
『スピード情報術』
『スピード顧客満足』
『一流の勉強術』
『スピード意識改革』
『アメリカ人にはできない技術　日本人だからできる技術』
『お客様のファンになろう』
『成功するためにしなければならない80のこと』
『大人のスピード時間術』
『成功の方程式』
『なぜあの人は問題解決がうまいのか』
『しびれる仕事をしよう』
『大人のスピード思考法』
『「アホ」になれる人が成功する』
『しびれるサービス』
『ネットで勝つ』
『大人のスピード説得術』
『お客様に学ぶサービス勉強法』
『eに賭ける』
『大人のスピード仕事術』
『スピード人脈術』
『スピードサービス』
『スピード成功の方程式』
『スピードリーダーシップ』
『大人のスピード勉強法』
『今やるか一生やらないか』
『人を喜ばせるために生まれてきた』
『一日に24時間もあるじゃないか』
『もう「できません」とは言わない』
『出会いにひとつのムダもない』
『お客様が私の先生です』
『今からお会いしましょう』
『お客様がお客様を連れて来る』
『お客様にしなければならない50のこと』

中谷彰宏（なかたに・あきひろ）
一九五九年、大阪府生まれ。早稲田大学第一文学部演劇科卒。博報堂でCMプランナーをつとめたのち、独立。（株）中谷彰宏事務所を設立。【中谷塾】を主宰し、全国で講演活動を行っている。
●中谷彰宏公式ホームページ
http://www.an-web.com/
モバイル
http://www.an-web.com/mobile/

だいわ文庫

男《おとこ》は女《おんな》で修行《しゅぎょう》する。
ビジネス運《うん》を上《あ》げる60の法則《ほうそく》

著者　中谷彰宏《なかたにあきひろ》

二〇〇九年六月一五日第一刷発行

発行者　南 暁
発行所　大和《だいわ》書房
東京都文京区関口一−三三−四 〒一一二−〇〇一四
電話 〇三−三二〇三−四五一一
振替 〇〇一六〇−九−六四二二七
装幀者　鈴木成一デザイン室
本文デザイン　福田和雄（FUKUDA DESIGN）
本文印刷　三松堂印刷
カバー印刷　山一印刷
製本　小泉製本

ISBN978-4-479-30240-7
乱丁本・落丁本はお取り替えいたします。
http://www.daiwashobo.co.jp